債権回収の初動

【第2版】

島田法律事務所 [編]

一般社団法人 金融財政事情研究会

■ はじめに

　かつて、都市銀行などでは、債権者破産の申立てはもとより、競売の申立てさえも珍しいという時代があった。ところが、いわゆるバブル経済崩壊以降、不良債権処理が金融機関の喫緊の課題となり、各金融機関において専門部署の増強が図られ、「債権回収」と「不良債権処理」は金融機関の重要な業務の一部となった。その後、債権回収の担当者自らが競売の申立てを行える体制を整えた金融機関も珍しくなくなるなど、債権回収と不良債権処理について、経験とノウハウをもつ金融機関の担当者が多く誕生するとともに、法制度の整備も進むこととなった。

　時代はくだって、不良債権の処理に追われる一時の喧騒が静まり、近年においては、いわゆる金融円滑化法の施行もあり、各金融機関の与信関連費用は低位安定を保つ状況が続いてきた。しかし、そのなかで、経営状況が低迷したままに清算や倒産に至ることなく存続している企業も相当数存在することは否定できないといわれており、異次元の金融緩和が終了し金利が上昇すれば利払いの増加がこのような企業の存在を脅かすことになろう。時代は繰り返すというのが通例であるが、一定の周期で繰り返す不良債権の大量発生が、再び近づいているのではないかと予想される。

　他方、不良債権の発生が小康を保っている間に、金融機関によっては債権回収と不良債権処理に携わっていた人達の数が減

少し、あるいは新たな世代の担当者に代替わりが進んだように思われる。また、銀行などの金融機関の業務自体においても、投資信託や保険商品、さらにはデリバティブといった新たな金融商品の販売が増加し、与信の態様や顧客の資産の状況にも、時代による変遷がみられ、おのずと債権回収の手法やノウハウにも変化が生じているところである。そこで、再び不良債権の増加が予想されるこの機会に、債権回収と不良債権処理の重要性について再認識し、すでにある手法とノウハウについて振り返るとともに、そこに近年の法制度等の展開を取り込んで、きたるべき次の不良債権の発生増加時に備えることは、有益であると感じられる。

　ところで、債権回収は、結果として回収が不能となった債権部分の無税償却といったゴールを見据えて、全体感を念頭に置きつつ、状況の変化に応じて臨機応変に行うことが必要となる。また、適切な不良債権処理による債務者の再生の視点も無視することができない。債権回収や不良債権処理にあたる者は、その全体像を十分に理解したうえで、債権回収の初動時から、適切な手段を適時適切にとることが求められる。

　本書は、不良債権の増加が迫りくる予感があるなか、金融機関等の債権回収や不良債権処理を担当する方々を第一の対象とし、債権回収と不良債権処理の全体像を念頭に置いて、初動時から適切な対応を実現することをテーマとしている。そのため、多少なりとも債権回収と不良債権処理に通じた者により、基礎的な手法とノウハウをまとめてみたものであるが、本書が

実際に不良債権への対処を求められた際の実務上の一助となることができれば幸いである。

　末筆ながら、本書の執筆については、金融財政事情研究会出版部の皆様の多大なご支援をいただいたことに、この場をお借りして、お礼申し上げる次第である。

2023年12月

島田法律事務所

【事務所紹介】

島田法律事務所

　長期的な信頼関係に基礎を置き、クライアントの持続的発展に貢献するという理念のもと、2010年7月に設立された。主としてわが国を代表する金融機関や事業会社をクライアントとして、企業を取り巻く経済的・法的な社会環境の変化に応じ、時宜に応じたリーガルサービスを提供している。債権回収・不良債権処理はもとより、会社法、コンプライアンス、金融関連業法等を、主要な取扱分野としている。

URL：https://www.shimada-law.jp

【執筆担当】

第1章　初版：島田邦雄
　　　　改訂：山嵜亘
第2章　初版：半場秀
　　　　改訂：福谷賢典
第3章　初版：山嵜亘
　　　　改訂：土屋奈都美
第4章　初版：山嵜亘
　　　　改訂：土屋奈都美
第5章　初版：福谷賢典
　　　　改訂：吉田みずき
第6章　初版：福谷賢典
　　　　改訂：吉田みずき
第7章　初版：安平武彦
　　　　改訂：菊池眞由美
第8章　初版：石川智史
　　　　改訂：安平武彦・菊池眞由美

【著者略歴】

島田　邦雄

弁護士（第一東京弁護士会所属）、ニューヨーク州弁護士。
1984年東京大学法学部卒業。1986年弁護士登録。1990年ハーバード大学ロースクール卒業（LL.M.）。1990〜1991年ウィルキー・ファー・アンド・ギャラガー法律事務所（ニューヨーク）、1991年クデール・ブラザーズ法律事務所（ブリュッセル）にて勤務。2000年6月〜みずほ債権回収株式会社常務取締役。

半場　秀

弁護士（第一東京弁護士会所属）、ニューヨーク州弁護士。
1991年東京大学法学部卒業。1993年弁護士登録。2000年インディアナ大学ロースクール卒業（LL.M.）。1999〜2000年ハーマン・ヘンメルラート＆パートナー法律事務所（デュッセルドルフ）にて勤務。

石川　智史

弁護士（第一東京弁護士会所属）。
2002年京都大学法学部卒業。2003年弁護士登録。2005年都市銀行出向。

福谷　賢典

弁護士（第一東京弁護士会所属）。
2003年東京大学法学部卒業、2004年弁護士登録。2007〜2008年都市銀行出向。

山嵜　亘

弁護士（第一東京弁護士会所属）。
2006年東京大学法学部卒業。2007年弁護士登録。2009～2011年都市銀行出向。2015～2018年金融庁検査局にて勤務（特定任期付職員）。

安平　武彦

弁護士（第一東京弁護士会所属）。
2005年慶應義塾大学法学部法律学科卒業。2008年東京大学法科大学院修了。2009年弁護士登録。2011～2014年都市銀行出向。経済産業省商務情報政策局情報経済課にて勤務（特定任期付職員）。

菊池　眞由美

弁護士（第一東京弁護士会所属）。
2014年中央大学法学部卒業。2016年東京大学法科大学院修了。2018～2020年福島地方裁判所判事補。2020年弁護士登録。2021～2023年都市銀行出向。

土屋　奈都美

弁護士（第一東京弁護士会所属）。
2017年京都大学法学部卒業。2019年京都大学法科大学院修了。2020年弁護士登録。2022～2023年都市銀行出向。

吉田　みずき

弁護士（第一東京弁護士会所属）。
2018年慶應義塾大学法学部卒業。2020年慶應義塾大学法科大学院修了。2022年弁護士登録。2023年～都市銀行出向。

目　　次

第 1 章

債権回収の全体像

第 4 章

期限の利益の喪失

第 5 章

担保からの回収

第6章

保証からの回収

債権回収の全体像

1 債権回収業務の意義

(1) 時代的要請

　債権回収業務には、「取立て」というイメージが伴い、人のやりたがらない業務という印象が否めない。また、いかに頑張ろうとも、回収不能金額の発生は避けられないことが多く、損失を確定させる作業になるため、正当に評価されない場合も多いようである。

　近年、中小企業を主たる対象として企業の倒産危険度をみる際には、いわゆる金融円滑化法（中小企業者等に対する金融の円滑化を図るための臨時措置に関する法律）の影響を考慮する必要がある。同法は、リーマンショックを受けて平成21年12月に施行されたものであり、金融機関に対し、債務の弁済に支障を生じている中小企業に対しできる限り条件変更に応じるなどの努力義務を課すものであったが、不自然な延命策という面があったことも否めなかった。同法は、平成25年3月末に時限立法としての期限を迎えたが、今も「金融機関が引き続き円滑な資金供給や貸付条件の変更等に努めるべきということは、今後も何ら変わりません」とされている（中小企業金融円滑化法の期限到来後における金融庁の取組み（金融庁ウェブサイト））。

　このため、金融円滑化法終了後も、金融機関では、「金融円

滑化の精神」に基づき、債務返済に余力の乏しい中小企業に対し、いわゆるリスケに応じることで、その倒産を防止する姿勢が継続している。その結果、経営が持ち直した企業も少なくないとは思われるものの、経営状況が低迷したままに清算や倒産手続に至ることなく存続している企業も相当数存在することは否定できないといわれている。これが、いわゆる「ゾンビ企業」と称されるものであろう。もっとも、異次元の金融緩和が終了し金利が上昇すれば、利払いの増加がこのような企業の生存を脅かすことになろう。このような背景のなか、債権回収業務や企業再生業務の重要性が再認識され、多くの金融機関では、不良債権の大量発生に身構えつつ準備を進めており、足元では、そのような局面の業務が現に増加しつつあるというのが現場の実感ではなかろうか。

⑵　債権回収は利益に直結

　かつて、日本の金融機関は、いわゆるバブル経済崩壊に伴い発生した不良債権の処理に苦しむ時期があった。その後、各金融機関は、バランスシートの健全性を取り戻したが、近年は超低金利の継続により預貸金利鞘が著しく縮小し、低収益に苦しむことも多くなっている。このため、たとえば、貸出金利3％で1億円の融資を行っても、経費を抜きにした年間金利収入は300万円にすぎないが、万一、当該融資先の経営が破綻し、破産手続により仮に融資額の1割しか回収ができなかったとすれば、銀行は9000万円の貸倒損失を被ることになる。つまり、金

融機関において貸付金が貸し倒れれば、貸付から貸倒れまでの数年間に得られた利鞘の何十倍もの金額が容易に損失となる。

　これを翻ってみれば、回収の危ぶまれる債権をうまく回収することができれば、薄い利鞘・粗利で貸付金や売上げを積み上げるよりも、はるかに大きな利益を企業にもたらすものである。このように債権回収の企業収益への貢献が大きいことは、金融機関の決算において、与信関係費用の増減により損益が大きく影響されていることからも明らかであろう。個別の債権についてみても、すでに貸倒引当金が積まれている部分の回収に成功し、引当が戻ってくれば、これがそのまま利益となるから、債権回収が企業にとって貢献の大きい業務であることは、如実にみてとれる。債務者が法的倒産手続に至れば、配当率が10％に満たないことも珍しくないし、破産手続では配当ができないまま破産廃止となることも少なくない。かかるなか、迅速的確な回収対応により、引当済みの融資金（1億円）の回収額が1割増えれば、1000万円が直ちに銀行の利益となるのである。

　したがって、銀行の与信関係費用が上昇傾向にあるとされている現況下においては、取引先への与信の不良化の防止と不良化した債権の管理回収が銀行の収益にも直結する重要な業務であることが、もっと評価されてよいものと思われる。

(3)　健全な経済活動への貢献

　債権者である企業内での重要性にとどまらず、社会的にみて

も、誠実な債務者に対して債務の返済方法について真摯に相談に応じ、結果として債務者やその事業の再生に協力することは、意義のあることである。また、債務整理の過程で、企業としては「倒産」を選択せざるをえないこともあろうが、その場合でも価値ある事業を残すことは可能であるし、事業に再生の見込みがなければ廃業等も有力な選択肢となる。金融庁の監督指針（中小・地域金融機関向けの総合的な監督指針Ⅱ－5－2－1⑵、主要行等向けの総合的な監督指針Ⅲ－5－1⑵）においても、「事業の持続可能性が見込まれない顧客企業」に対する「廃業支援」を明記するに至っている。これに該当する企業とは、「事業の存続がいたずらに長引くことで、却って、経営者の生活再建や当該顧客先企業の取引先の事業等に悪影響が見込まれる先など」とされている。経営再建が展望できない企業では、余力あるうちの廃業が、経営者に過大な債務が残ることの回避、取引先が連鎖倒産に巻き込まれる危険の防止の観点から、好ましいからである。以上のことは、債権者が金融機関であっても事業会社であっても変わらない。

　他方で、不誠実な債務者に対して債務を履行させることもまた、経済活動の健全性の維持に貢献するものである。すなわち、近年はおろそかになりつつあるものの、「借りたものは返す」というのは最低限のモラルであり、不誠実な債務者に対して安易に債務の返済を逃れさせることは、健全な取引先や誠実な取引先の負担を増加させることになる以上に、モラルの低下を招くことにもなりかねず、社会的にも許されるべきものでは

ない。

　この点では、金融機関の場合には、行政当局の各種指導が、行き過ぎた債権回収の手法を抑止することに主眼があることが多いため、債権回収自体を委縮している場合が少なからずみられ、場合によると返済を迫ることが「優越的地位の濫用」に該当するおそれがある旨の誤解を有する例もみられる。しかしながら、債務の履行を求めることが権利の「濫用」ではないことはもとより、行政当局も、金融機関の健全性の維持、ひいては経済活動の健全性を第一に考えているはずであるから、いたずらに債権回収を怠るのでは、社会的にも好ましくないし、企業の取締役等としての善管注意義務にも反することすら考えられる。

2 | 時系列からみた整理

(1) 債権は企業の重要な資産である

債権回収業務の前提として、債権の成立から回収までを時系列でみると、金融機関の融資に伴う貸付金債権や事業会社の売上げに伴う売掛金債権は、融資実行時や売上時から成立している。これらの債権は、バランスシートに計上されているように、企業においては資産として保有されるが、その回収可能性が低下すると、資産としての価値は低下する。そのため、まず、優良資産としての貸付金債権を積み上げるには、債権の成立時から、資産価値の毀損防止、すなわち、その回収可能性の確保のための保全措置が求められることになる。

(2) 債権成立の段階

債権成立の段階で債権者として債権保全のために行いうることとしては、今日では貸倒れによる損失を填補するための保険やデリバティブも発達してきてはいるが、典型的には担保と保証の取得が考えられる。このうち担保には、その提供者によって、債務者の提供するものと、第三者が提供するものとがある。

また、担保や保証以外に、契約上の手当として、①債務者の

信用状況を常にモニタリングできる条項（定期的な決算書や試算表の提出義務、決算状況の報告義務、信用にかかわる事象が発生した場合の報告義務等）、②債務者の信用状況が悪化したり、債務不履行が生じた場合に備える条項（追加担保条項、追加保証条項、期限の利益喪失条項等）などをあらかじめ定めておくことも考えられる。ところが、債権者にとって債務者は「お客様」や「得意先」であることが多く、契約獲得のために、厳しい契約条件を求めることが躊躇される場合も多い。しかしながら、実際に債務者の信用状況が悪化した後は、債務者も容易に債権者の要請に応えることはなくなるし、そもそも債務者自身が、求められても「ない袖は振れない」状況に陥っていることが多い。しかも、その段階では、否認や詐害行為について心配しなければならないことになるから、このような保全措置をとることはよりむずかしくなる。したがって、有効な債権の保全措置は、債権の成立時にこそ、とりうるものである（その意味では、本書は、債権回収業務に携わる方のみならず、与信担当者・営業担当者にも読んでいただきたいものである）。

(3) 保全強化の段階

いったん債権が成立した後の段階においても、その回収可能性が低下した場合や、その回収可能性をより確実にする必要が生じた場合には、すみやかに追加で担保または保証を得ることが考えられる。当然ながら、このような局面では他の債権者も同様の行動に出ようとするであろうから、債務者の信用状況に

関する情報はきわめて重要であり、情報戦がすべてを制するという心構えのもと、信用不安をいち早く察知し、迅速に保全強化を図ることが肝要である。

この点、債務者の信用状況が一段と悪化した場合や、債務の一部に債務不履行が発生した場合には、契約の条項または民法の規定に基づき、期限の利益を喪失させることが考えられる。しかしながら、債務の返済に困難をきたしている状況で期限の利益を喪失させても、債務者の資金繰破綻を早めるだけに終わることが多い。むしろ、財務制限条項やコベナンツとして定められるものが典型であるが、これらによる期限の利益の喪失条項は、債務者に対して、当該条項に基づいて期限の利益を喪失したくなければ、事業の整理により信用状況を改善し、あるいは追加の担保や保証を提供するように求める手段として、効果を発揮するものである。この点で、期限の利益の喪失条項を定めるにあたっては、いわゆる当然喪失事由とするのは、基本的に法的倒産手続開始の申立てや銀行取引の停止など債務者が企業として継続することが明らかに困難な場合などに限るべきであり、債権者の立場からは、広くさまざまな事象を期限の利益喪失事由としつつ、交渉材料として、裁量の余地のある請求喪失事由にとどめておくのが賢明である。

⑷　初動対応の段階

a　状況把握

　取引先の信用不安を認識したときには、すぐさま状況の把握に動くことになる。取引先への事情聴取や資料提出要請により、資産負債の状況、資金繰りの状況、業況悪化の経緯、再建計画の骨子等について把握することが急務であり、その後も、刻々と変化する状況のなかで、適時適切な対応をとることが必要となる。

b　対応方針の判断基準

　前述のとおり、倒産危機に陥った企業は、再建と廃業のいずれかの道を進み、金融機関の立場からは、再建支援をするか否かが判断の分かれ目となる。この判断の基準は、基本的には、再建をするほうが廃業（破綻）に至るよりも回収見込額が大きくなるか否かであり、そこでは再建可能性の見極めが求められる。また、再建可能な場合であっても、資金繰りが破綻する場合もありうるので、資金繰状況の継続的把握も必要になる。

c　再建支援

　再生型の整理手続には、民事再生手続などの法的整理手続と、私的整理手続とがある。私的整理手続のなかには、①事業再生ADR、②中小企業活性化協議会による中小企業再生支援

スキーム、③地域経済活性化支援機構（REVIC）による再生支援スキーム、④整理回収機構（RCC）による企業再生スキームなどの法令等により制度化されたものがある。

経営再建をするには、実現可能性の高い抜本的な再建計画の策定が重要となる。この策定に関しては、上記のような手続の選択も含め、金融機関のコンサルティング機能の発揮が期待される。たとえば、事業再生のノウハウをもつ専門家の助力が有用な場合には、REVICが提供している金融機関や取引先に専門家を派遣するサービスの利用を検討することが考えられる。

d　廃業支援

再建が展望できない場合には、廃業を検討することになる。廃業は、当該企業の取引先への悪影響（連鎖倒産等）や、経営者の過大な債務の防止のために、余力があるうちに行うことが好ましい。廃業の場面でも、金融機関には、コンサルティング機能を発揮し、円滑な決断を支援することが期待される。経営者が保証人となっている場合には、経営者保証ガイドラインに従った対応（一定の条件を満たす場合における、①保証債務の履行の一時停止や返済猶予、②経営者の手元に残す資産の検討等）が受けられることを説明することで、適切な決断の一助となることもある。

また、廃業する場合でも、収益を生んでいる事業があれば、清算手続に先立ち事業譲渡をすることも考えられ、これが成功すれば、事業や雇用の維持につながるとともに、金融機関の回

収額を増やすこともできる。金融機関には、マッチング支援というかたちでこれに貢献することも期待される。

(5) 回収段階

このような支援を検討する一方、金融機関は、自らの債権の保全強化や回収も検討する必要がある。

すなわち、この場合には、債務者に換価可能な資産があれば、それを換価して弁済に充てることが考えられるし、ほかに資金調達手段があれば、新たに調達した資金での返済を求めることとなる。また、担保や保証を取得していれば、担保物件の任意売却や担保権実行を行い、あるいは保証履行請求を行うことになる。債権者が預金取扱金融機関である場合には、自らにある預金について相殺を実施することも考える必要がある。

a 交渉による回収──情けは人のためならず

債権回収の方法には、取引先との交渉（任意手段）と法的手続（強制手段）があるが、基本的には任意の交渉により行うのが望ましい。任意の弁済には、後述のとおり偏頗行為であるとして否認されるリスクはあるものの、強制的な手段よりもコストが少なくてすむというメリットがある。何より、取引先との協力のもと、継続する事業の維持保全に必要なものを見極めつつ、価値の劣化が進行する前に、資産売却や担保処分、事業譲渡等を行うことは、金融機関の債権回収の最大化とともに、取引先の再建にも資するものである。

ここでも、適時適切な対応のためには正確かつ十分な情報が重要であることはもとよりであるが、加えて、他の職務と同様、担当者の熱意が人を動かすこと、問題解決には信頼関係が欠かせないことは、債権回収業務においても変わらない。その点で、債権回収業務においても、十分かつ正確な情報を早期に確保するためには、日頃から可能な限り債務者との接触を保ち、債務の弁済を実現するために熱意をもって債務者ら関係者を動かし、返済原資を確保するための課題があれば一定の信頼関係のもとに債務者ら関係者とともに解決を目指す必要がある。

b　強制的な回収

　他方、債務者が任意の返済に応じる姿勢をみせず、資産を勝手に処分したり隠匿したりする危険がある場合には、強制的な手段を講じる必要性が生じる。強制的な手段としては、①自らにある預金との相殺、②担保権の実行、③保証債務の履行請求、④資産の仮差押え・差押えなどがある。

　このなかでも、自らにある預金との相殺による回収が最も容易かつ確実といえる。いずれの手段も、取引先に対する債権が弁済期にある必要があるため、金融機関は、期限の利益喪失事由（失期事由）があるか否かを確認し、請求失期事由があればそれに基づき期限の利益を喪失させる意思表示（失期請求）をすることとなる。

　資産の仮差押え・差押えについてみると、民事保全手続に基

づく財産の保全処分（仮差押え）を検討するとともに、並行して訴訟手続により債務名義を取得する必要が生じる。そして、債務名義を取得し、債務者に差し押えるべき資産がみられれば、これを民事執行手続により差し押えて強制的に換価し、弁済に充てさせることになる。

c　迅速な対応

任意手段によるか、強制手段によるかにかかわらず、債務の返済に困窮している債務者から返済を受けることは、偏頗的な回収であるとの理由により、法的倒産手続に至った場合に否認されるなどの余地がある（第3章8）。この点では、債務者の行為が介在する任意弁済のほうが、より否認等のリスクは大きいと思われるが、債務者にまだ返済に充てることのできる資産があり、弁済の意思を示しているにもかかわらず債権者においてこれを受領しないということは考えられないであろう。

最終的に、債務者が自ら法的倒産手続を申し立てるに至れば、当該手続のなかで配当等により返済を受けることとなる。また、債務者にみるべき返済の原資がない状態に至ったとしても、そこに至るまでに他の債権者への偏頗弁済や資産の隠匿行為がうかがわれれば、債権者として破産手続開始等を申し立てたうえで（債権者破産）、管財人等に否認権の行使をさせることにより、流出した財産を債務者の責任財産（一般債権者への弁済の引当となる財産）に戻して、回収を図ることも考えられる。

以上を通じていえることは、債権回収は時間との勝負だとい

うことである。すなわち、債権成立時が最も債権の保全措置をとりやすいのはいうまでもなく、時の経過に比例して保全措置はむずかしくなることが通常であるから、将来的に債務者が破綻に至ったときのことを考えれば、まさに「備えあれば憂いなし」という言葉が当てはまるものであって、「先手必勝」という言葉は債権回収にこそ当てはまるものである。次いで、債務者の信用状況が悪化する過程においては、早期に保全を強化することが求められるものの、返済の原資となる資産の価値の面からみても、劣化が進行することが多い。そのため、場合によっては債務者の事業の価値が大きく毀損する前に事業や担保物件を有利な状況で売却するなどして債務の整理を行うことは、債権者の利益に資するのみならず、債務者自身にとっても再生の可能性を高めるものということができる。すなわち、企業や事業の価値は有形無形の資産や信用から有機的に成り立っているものであるのに、取引先や社員に買掛金や給与の支払を待ってもらうなどしながらギリギリまで資金繰りに無理を重ねていると、事業自体の価値が損なわれることになりかねず、事業価値の維持保全に何が合理的であるかについての早期の見極めが肝要である。そして、最終的に債務者が破綻状態に至ったとしても、「早い者勝ち」の側面は常に残ることになるから、常に債務者の信用状況に対するモニタリングを怠らず、他の債権者よりも一手先を行くことが債権回収額の極大化をもたらすものである。

　ところで、債権回収手続は、最終的には法的手続に至らざる

をえないし、その前段階においても、そのような法的手続を念頭に置いて任意弁済の交渉等の対処をすることになる。そこで、債権回収において基本となるいくつかの手続について、ここでみておくこととする。

○ 基本用語解説

差 押 え

弁済に充てることのできる債務者の資産を発見しても、債務者がこれを担保として提供したり、任意にこれを処分等して弁済に充てたりすることに協力しなければ、法的手続によって強制的に弁済を実現するほかない。

このような弁済を実現する強制執行手続として、民事執行法に基づく差押手続が用意されている。債権者が、債務者のある特定の財産について、裁判所に差押えの申立てをすると、裁判所は、所定の手続をとって債務者に対して当該財産の処分等を禁ずるとともに、当該財産を強制的に換価して、その換価金を債権者に配当することとなる（第8章1）。

仮差押え

　差押えの申立てには、「債務名義」(確定判決、仮執行の宣言付判決、支払督促、執行認諾文言の付された公正証書など) が必要となる (民事執行法22条)。つまり、差押えをするには、執行認諾文言付きの公正証書などがない限り、支払請求訴訟を提起して確定勝訴判決を得ること等が必要となる。

　この点、債務者は、強引な債権者や義理のある債権者、あるいは将来の復活を目指すにあたり協力してくれそうな債権者への弁済を優先するのが常である。そのため、勝訴判決を待っていては、せっかく見つけた資産を他の債権者への弁済に充てられたり、隠匿されたりする可能性が大きい。

　そこで、債権者は、債務名義がなくても、裁判所に対し、債権の存在と債権保全の必要性を示すことで、債務者の財産に対して仮差押えをすることができる。仮差押えがされると、債務者はその財産の処分を禁止される (差押えと異なり、その財産が強制的に換価されるわけではない)。それによって、債権者は、その財産の逸失を防止し、その間に裁判手続によって勝訴判決を得て、差押えに移行することが予定されている (第8章1)。

　もっとも、仮差押えがなされることで、債務者は資産の

隠匿や他の債権者への弁済に充てることを諦めて、任意の弁済に充てることに応じることも多い。その場合、実際には裁判手続を経ることなく回収が実現することとなる。また、回収ができるか否かにかかわらず不良債権の処理はしなければならないから、仮差押えが功を奏すればさらに回収行動を進め、執行不能であればそれをもって償却するということを念頭に置きながら、仮差押えを試みることもある。

基本用語解説

倒産手続

1 倒産手続の意義

差押えが、債務者の責任財産のなかの個別の財産を換価の対象とするものであるのに対し、倒産手続は、債務者の責任財産に含まれる全財産を包括的に換価の対象として、債権者への平等弁済を行うものである。倒産手続が開始されると、債務者の積極財産（担保権のついていない不動産・動産や売掛債権等）の処理が行われる一方、債権者の債権の内容の調査が行われ、その結果、積極財産からの弁済原資が、債権者へ割合的に弁済される。

2 倒産手続の種類

倒産手続には、清算型手続である破産・特別清算、再建

18

〈倒産手続〉

	個人・法人	株式会社のみ
清算型	破　産	特別清算
再建型	民事再生	会社更生

型手続である民事再生・会社更生がある。破産および民事再生はすべての個人・法人を対象とするが、特別清算および会社更生は株式会社のみを対象とするものである。

　法人事業者を例にとれば、清算型では、債務者の従前の事業活動は停止され、全財産が処分換価されたうえで、その換価金から債権者に按分弁済が行われ、処理の完了とともに法人格が消滅する。他方、再建型では、債務者の採算事業については事業活動の継続が予定され、そこからの収益を弁済原資とするとともに、遊休資産や撤退する不採算事業に係る財産の換価金でもって、弁済計画に従って分割弁済が行われるのが一般的である（ただし、事業を譲渡して、その代金で一括弁済するような、いわばハイブリッド型のケースもある）。

　以上は、法律上の手続を利用した法的倒産手続であるが、債務者の積極財産の処理や債権者の債権内容の調査、およびそれに基づく割合的弁済が、債権者同士の合意によってなされるならば、法的倒産手続によらなくても倒産処理は可能である。私的整理と呼ばれるものがこれに当たる。一般の取引債権者まで含んだ私的整理は容易ではないが、金融債権者だけによる私的整理は広く行われており、

制度化されたものとしては、①事業再生ADR、②中小企業活性化協議会による中小企業再生支援スキーム、③地域経済活性化支援機構（REVIC）による再生支援スキーム、④整理回収機構（RCC）による企業再生スキームがある。このほか、特定調停の利用や、全国銀行協会が策定した「私的整理に関するガイドライン」に基づく整理により、結果として債務の一部免除等が行われる場合も多い。

3 倒産手続の実態

　法的倒産手続に入ると、ごくまれに高率の配当がなされることもあるものの、多くの場合、配当は僅少なものとなることを覚悟せざるをえない。しかしながら、法的倒産手続は、手続の透明性が確保されており、公正公平な処理がなされるという点で、不良債権処理としては基本となるべきものである。また、不良債権の処理は、どこで諦めるか、換言すれば、いつまで不良債権として管理と回収努力を継続するかが、そのコストとの関係で問題となるが、破産手続などに入れば、その最終処理につながることになる。もっとも、現実には、事実上の倒産状態に至っている債務者が、破産するといいながら弁護士に依頼して法的倒産手続をとる費用にも事欠き手続が進まない一方、みるべき資産がないため債権者破産を申し立てても費用倒れが見込まれ、いつまでも処理ができず苦悩するというケースも少なくない。

3 回収対象資産からみた整理

　債権回収は、弁済原資となる債務者の資産（一般財産）を把握してはじめて可能となる。そのため、債権回収は、その端緒において、債務者にいかなる返済原資があるかを調査し、検討することから始まる。

　その意味で、債権回収の初動とは、当然のことながら、まず情報収集である。債務者の現況に不明な点がある場合はもとより、日頃から接触を保っている場合であっても、債務者に信用不安の情報がみられ、あるいは返済能力低下の不安を感じ取ったら、まず、債務者を訪問し、五感のすべてを使って、債務者の情報を知ることが必要である。

(1) 資金繰返済——望むらくは

　まず、債務者が一定の売上げ等の収入を得ている場合やほかから資金調達が可能な場合には、その収入や調達資金（キャッシュフロー）からの資金繰返済を得ることを考えるのが通常であり、そのためには正確な資金繰りを把握する必要がある。また、直ちにキャッシュフローにはならなくとも、遊休資産等があれば、一定の時間はかかるが、それを処分することで資金調達をすることができる。この場合には、交渉によって返済期限についてリスケジュールをすることなどが、債務者の事業を温

存しつつ回収を図ることが可能となる点で、債務者の再生にも資するものであり、望ましいものである。

(2) 回収原資となる資産の種類

しかしながら、事業自体の収益状況が芳しくなく、資金繰りに窮している債務者においては、将来の収入や他からの資金調達に期待することはむずかしいから、現に債務者が有している資産のなかから回収を図ることにならざるをえない。その場合、債務者の貸借対照表（B／S）に流動資産（現預金、売掛金、短期貸付金、商品等）、有形固定資産（土地建物、機械設備、車両等）や投資その他の資産（投資有価証券、関係会社株式、長期貸付金、敷金・保証金等）として計上されている資産が対象となることが多いが、貸借対照表に計上されていない営業権のような無形の資産も、債権回収の原資として重要となることもある。これらの資産を法的性質から大別すると、不動産、動産、債権、そして無形の資産が考えられる。

a 不動産

不動産としては、土地建物が典型となる。不動産は、一般的には価値も高く、その存在も確実に把握でき、差押え等により弁済原資として確保することが容易である。他方で、すでに担保が設定されていたり、売却まで相応の時間を要したりすることから、他の債権者と競合する可能性の高いものでもある。

b 動　　産

　動産や有価証券としては、現金、商品、株券等を含む有価証券、不動産とは別に処分できる機械設備、場合によれば美術品なども考えられよう。

　これらのなかには、有価証券等のように換価の容易なものもあるが、商品在庫などは、販売ルートが確保できなければ、保管場所や保管代金がかかるばかりで、粗大ごみに終わってしまうこともあり、換価が容易でないというリスクがある。特に、食品や動植物などでは、商品価値を毀損しないために、売却までの保管について、特殊な施設や技術を要する場合もある。

c 債　　権

　債権としては、多くの企業で保有しているであろうものとしては、預金、貸付金、売掛金、保険契約等の各種契約に基づく債権（保険金請求権、解約返戻金請求権）などがあるが、そのほか、債務者の第三者に対する損害賠償請求権など金銭債権を有すれば、これらも回収の原資に充てることが可能である。

　もっとも、売掛債権や貸付金などの債権は、金銭債権であることから回収への充当が容易ではあるものの、動産や不動産と異なって物理的な把握がむずかしく、特に売掛債権などは期末の決算書等からの変動も大きく、どこにいくらあるのか、その確認が困難な場合も多い。また、預金債権等については、（仮）差押えを行っても第三債務者である金融機関側が貸付を行って

いれば、相殺が行われて回収原資とできないことも少なくない。

　加えて、一般的に、不動産や動産からの回収に比べて、債務者の資金繰りに大きな影響を与えることとなりやすい点にも留意する必要がある。たとえば、債務者の有する預金債権に差押えをした結果、第三債務者である金融機関が債務者への期限の利益を喪失させたり、売掛債権に差押えをした結果、第三債務者である取引先が債務者との取引関係を見直したりするなどの事態に発展し、債務者倒産の引き金になりかねない。

d　無形の資産

　以上のような不動産、動産および債権の多くは、債務者の貸借対照表に計上されていることが多く、その所在を知ることが比較的容易であるが、それ以外に無形の資産として特許権などの知的財産権のほか、いわゆる営業権（のれん）などが考えられる。ことに、資金繰りに窮している企業であっても、収益を生んでいる事業やブランドがあれば、これを事業譲渡や会社分割などを利用してうまく処分することにより、いわば無から有を生むことで、債権回収額を極大化することができるし、債務者の価値ある事業や雇用の維持にもつながることから、債権回収の専門家にとっては成功すれば醍醐味ともいうべきものであろう。

(3) 回収しやすい資産はどれか

　債権回収の原資が複数みられる場合には、そのいずれから手をつけることとするのかが問題となる。その考え方としては、回収可能性、換価処分の容易性に照らして、確実に回収に充てられるものからターゲットとすることになる。

　この点では、債権者が銀行であれば、自らにある預金（債権者が事業会社であれば取引保証金や買掛債権など）を反対債権をもって相殺するのが、最も確実かつ容易である（第7章1参照）。また、債権者が銀行であれば、自行が占有する有価証券等からの回収ができる場合もある（第7章2参照）。

　しかしながら、実際に債権回収が焦眉の問題となるのは、相殺等をもって十分な回収に充てることができないような場合であろうから、まずは債務者の資産を洗い出し、動産、不動産、債権等の別にかかわらず、判明した資産からとりあえず押えてみるというのが現実であろう。

関係者とその利害からみた整理

　債権回収の局面においては、さまざまな利害関係者が登場する。

　まず、当然ながら、他の一般債権者が存在し、各債権者は債務者の一般財産からの回収を相争う関係に立つ。この点、債権者が、債務者から担保権の設定を受けていれば、詐害行為取消権や否認権を行使されない限り、当該債権者は担保目的物に関して他の一般債権者に優先して回収を行うことができる。また、債権者が、債務者以外の第三者から担保や保証の提供を受けていた場合には、当該第三者の有する担保目的物や一般財産から回収を行うことができる。他方、他の債権者が債務者の危機時期以降に弁済や担保提供を受けていれば、詐害行為取消権や倒産手続における否認権によってその債権者を追及し、当該資産を債務者の一般財産に回復させることも検討対象となる。

　債権者のなかには、約定担保権の設定を受けなくても、債務者の一般財産からの回収に関して、一般債権者に比べて優先的な地位が与えられている者もいる。たとえば、債務者の労働者は、労働債権の債権者でもあるところ、労働者は雇用関係を原因として生じた債権に関し、債務者の総財産について先取特権を有する（民法306条2号）ことから、一般債権者の債権がこれら労働者の債権と競合した場合には劣後的な扱いをされること

となる。租税債権についても、一般の債権者に対する一般的優先権が与えられており、さらに一般の債権者の約定担保権に対しても一定の条件のもとで優先することがある。

　他方、債務者に対して責任を負うものについても債権回収の対象となりうる。債務者が株式会社であれば、取締役らの経営陣が存在するはずであるが、会社法429条1項は、株式会社の役員等の第三者に対する損害賠償責任を規定しており、そこでは「役員等がその職務を行うについて悪意又は重大な過失があったときは、当該役員等は、これによって第三者に生じた損害を賠償する責任を負う」とされている。したがって、いわゆる放漫経営等により会社を倒産させ、債権者に損害を及ぼした場合には、債権者は「役員等」に対して損害賠償を請求することで債権回収に充てることができる可能性がある。ここにいう「役員等」には、取締役や監査役のみならず、会計監査人や委員会設置会社の執行役（執行役員ではない）が含まれる（会社法423条1項）。また、株式会社の株主との関係では、分配可能額を超える剰余金の違法配当を受けた株主は、会社に対してこれを返還する義務を負うが（会社法462条1項）、債権者は、株主に対して直接これを支払うように求めることができる（会社法463条2項）。

　また、債権回収の場面における重要なプレーヤーとしては、いわゆるサービサーがある。

サービサーの役割

1 債権回収方法としての債権譲渡

債権を一定の対価をもって譲渡することによっても、債権者は債権の回収を図ることができる。また、実際には、債権譲渡は、回収困難な債権を譲渡することにより損失を確定し、税務会計上の処理を行うことを目的としてもしばしば行われる。

この場合、債権を譲り受けるのは、債権回収会社（サービサー）であることが多い。このような債権譲渡は、多数の債権をまとめて売却する場合には、バルクセールと呼ばれるが、税務会計上および善管注意義務上の売却価格の適正性を担保するために、複数の買受け候補者から入札を募り（ビット）、最高価買受人に売却することになる。また、売却にあたっては、譲渡債権者は譲渡債権の回収可能性について保証しないため、いわゆるデューディリジェンス（セラーズDD）を実施する必要はないが、譲受人の側では、逆に高値で譲渡を受けると損失となることから、デューディリジェンス（買収監査）が重要となる。

2 債権回収会社（サービサー）

債権の回収業務は、法律事件の法律事務の処理に該当し、弁護士法により、弁護士以外の者が行うことが禁止されている。これに対し、債権管理回収業に関する特別措置

法（サービサー法）により、法務大臣から許可（同法３条）を得た株式会社は、弁護士法の特例として債権管理回収業を営むことができる。これが、債権回収会社であり、サービサーと呼ばれるものである。もっとも、サービサーの取り扱うことができる債権は、特定金銭債権と呼ばれるものに限定されており、「特定金銭債権」とは、主に銀行等の金融機関が有する貸付債権等である（同法２条）。債権管理回収業として行う業務は、大別すると、債権の管理と回収に分かれるが、債権の管理は回収のために行われるものであることから、債権回収がその主要な業務となる。

　サービサーの事業形態は、債権者からいわゆる不良債権を買い取って、これを回収する場合と、債権者から不良債権の回収を受託する場合がある。買取りの場合には、サービサーは債権の買取価格と回収額との差額が収益の基礎となることから、買取価格は債権額を大きく下回るのが一般である。しかしながら、譲渡債権者は、売却により損失を確定することができ、税務会計上の処理が可能となるうえ、売却後にさらに債務者の信用状況が悪化した場合に備えて損失を確定する効果もある。なお、債権額を下回った売却による損失が税務上で否認されないためには、売却価格の適正性が確保されていることが必要であり、いわゆる相対取引ではこの点に懸念が残るため、前述のとおり、売却は入札によることが多い。

　これに対し、受託の場合には、債権者においては損失の

確定等の効果はないが、不良債権の回収に専門知識やノウハウを有する専門会社がこれを行うという効果がある。そのため、大手の金融機関においては、子会社としてサービサーを設立している場合が多い。なお、サービサーは、委託を受けて債権の管理または回収の業務を行う場合には、委託者のために自己の名をもって、当該債権の管理または回収に関するいっさいの裁判上または裁判外の行為を行う権限を有するが（サービサー法11条1項）、委託を受けて債権の管理もしくは回収の業務を行い、または譲り受けた債権の管理もしくは回収の業務を行う場合において、簡易裁判所での一定額以下の民事訴訟などを除き、民事訴訟手続は、弁護士に追行させなければならない（同条2項）。

　債権をサービサーに売却すると、そのことで苦情となることもあるが、サービサーは法務省の監督に服しており、定期的な検査も受けていることから、一般的には債権回収方法において問題視されるようなことはないはずである。また、サービサーにおいて不良債権を買い取っている場合には、その債権額の全額を回収することは困難であるし、長期にわたって回収するのではコストに見合わないことから、早期回収のため、買取価格に一定の上乗せがあれば、一括返済を受けて残債を免除（ディスカウントペイオフ）をすることも多い。そのため、かえって、近年は、サービサーへの債権売却を希望する債務者も現れている。

第 2 章

信用悪化時の対応

1 信用悪化の兆候の把握

　債権回収活動は、債務者の信用悪化兆候の把握から始まる。本章では、債務者の信用悪化の把握方法と、信用悪化を把握したときに行うべき対応について概説することとする。

　一般に債権回収は「先手必勝」である場合も多く、債務者の業況悪化や、それによる信用悪化兆候の把握は、債権回収活動のなかでも非常に重要な位置を占める。しかしながら、一口に信用悪化の兆候とはいってもその内容はさまざまであり、また情報源によって得られる情報の深度・正確性に相違がある。

　信用悪化の兆候の情報源として、最もアクセスが容易なのが、取引に伴い債権者内部に自然に蓄積されている情報である。債権者が有する債権についての延滞の発生や延滞の累積が最も典型的なものであり、これにより債務者の信用悪化を把握することも多い。また、債権者が銀行の場合は、債務者の決済用口座の取引履歴を分析することなどにより、債務者の信用悪化兆候を早期に発見できることも多い。もっとも、以下に述べるとおり、情報ソースは債権者の外部にも存在する。

(1) 債権者外部の情報源

　債権者外部の情報ソースにはさまざまなものがあるが、ここでは主要なものについて述べることにする。

a　債務者

⒜　決算書

　債務者から得られる情報として最も重要性の高いものの1つは、決算書である。決算書は、債務者の財務状況を詳細に記載しており、特に複数年にわたる決算書の内容を解析することによって、異常な値を発見して業況や信用悪化の兆候を把握することが可能となり、また、債務者の信用悪化の原因が本業の不振にあるのか、有価証券運用やデリバティブ取引の失敗のようなその他の一過性の事由によるものかなどもおおむね把握でき、債務者の信用の裏付けとなる資産にはどのようなものがあるかも推測することができる。なお、決算書の分析手法については、その専門書等を参照されたい。

　ただし、決算書には、債務者による粉飾などの可能性があることを常に忘れてはならない。特に、大会社（資本金が5億円以上であるか、負債総額が200億円以上である株式会社）や指名委員会等設置会社、監査等委員会設置会社に当たらない企業では、会計監査人（監査法人、公認会計士）による監査が義務づけられていないこと（会社法328条、327条5項）も関係してか、粉飾決算がされることはまれではないし（債権者である銀行としては、会計監査人設置会社から決算書の提出を受けるときは、あわせて監査報告書の提出も受けるべきである）、粉飾に至らなくとも多額の含み損が決算に反映されていないことも多い。また、実際の事業内容などを正確に把握していれば、決算書上の不自

然な点を発見しやすいから、それを感じ取って債務者の信用悪化を発見することは、債権管理の最重要事項である。

(b) 債務者（含債務者の代理人弁護士）との接触

債務者との面談や電話等による接触からも、さまざまな情報を得ることができる。特に、債務者とのやりとりのなかで、直近の債務者の状況や財務内容に限らない債務者の状況全般など、有形無形の深度ある情報収集が可能となる。

ただし、債務者は自己のこととはいえ正確な情報を持ち合わせてはいないことや、自己の情報の開示に必ずしも積極的でないことも多く経験するところであり注意が必要である。また、そもそも、債務者が適時適切な情報提供に応じない場合には、そのこと自体、経理の体制が整っていないか、情報提供を躊躇する理由があるか等の疑念を生じさせる端緒といえよう。

b 法 務 局

(a) 不動産登記情報

不動産登記については、インターネット上の「登記情報提供サービス」の利用等によって最新の状況を確認できる。債務者の所有する不動産には、第三者を債権者とする（根）抵当権などの担保権の登記がなされ、あるいは第三者を債権者とする差押え・仮差押え・仮処分などの登記がなされることがある。担保権の設定などは、債務者が新規事業のために新たな資金調達をするときにも行われることから、一概に債務者の信用の悪化を示すとは限らないが、業況悪化などに起因する資金調達の際

にも担保権の設定が行われることは多い。

　債務者の不動産に登記上の動きがないかを定期的に確認することには意味があり、新たに登記された事項から一定の情報を得ることができる。たとえば、差押えの登記がなされていれば、債務者に債務不履行が生じている可能性が高いことがわかるし、いずれにしても根抵当権の元本は確定していることがわかる。また、租税債務に係る滞納処分に基づく差押登記がなされていれば、（一般の債権に優先する）法定納期限を過ぎた租税債務が相当額あることをうかがい知ることができる。なお、信用状況が悪化している企業においては、金融機関を根抵当権者とする根抵当権の被担保債権は、業況の悪化に伴って仕入額が減少することに起因して、根抵当権の極度額に遠く及ばないこともまれではないため、取引状況（決算書上の仕入額）と根抵当権の極度額との関係など、登記事項から分析すべきことは多々考えられる。

　⒝　債権譲渡登記・動産譲渡登記

　債権譲渡登記・動産譲渡登記についても、インターネット上の「登記情報提供サービス」の利用等によって債権・動産についての譲渡や担保権設定に関する登記の有無・内容について確認をすることができる。

　債権や動産の譲渡は、資金調達の多様化のため、あるいは有利子負債の圧縮のためなどさまざまな目的のもとに行われることから、一概に債務者の信用の悪化を示すとは限らないが、信用が悪化した際にも債権者の求めに応じて債権や動産の譲渡が

行われることがある。なお、債権や動産の譲渡・担保権設定に関しては、譲渡登記以外にも、債権については確定日付のある通知や承諾、動産については引渡しによって、それぞれ対抗要件を具備できるため、譲渡登記がなされていない場合でもほかに対抗要件を具備した債権や動産の譲渡・担保権設定がされている可能性があるので注意が必要である。

(c) 商業登記等

株式会社・特例有限会社・合同会社等の商業登記および一般社団法人・一般財団法人の一般社団法人登記・一般財団法人登記についても、インターネット上の「登記情報提供サービス」の利用等によって最新の状況を確認できる。債務者は事業承継、支配株主の変更あるいは業績の悪化などに伴い、取締役を交代させ、あるいは増資、減資などの手続をすることがある。これらの事実は、必ずしも債務者の信用の悪化を示すものではないが、債務者の信用の悪化に伴って行われることも多く、場合によると会社法所定の債権者への個別催告などの手続を経ることなく会社の解散登記や会社分割の登記がされていることもあり、少なくとも債務者の信用状況等を精査する端緒となりうる。

c 法務局以外の第三者

(a) 手形交換所

債権者が手形交換所の参加銀行である場合、手形交換所からの不渡報告や取引停止報告によって、不渡りに関する正確な情

報を入手できる。手形の不渡りは、債務者の支払能力を端的に示す情報として、きわめて重要である。もっとも、ながらく銀行取引停止処分が「事実上の倒産」、すなわち経営破綻のメルクマールとして一般的であったが、近年は手形による取引高は減少傾向が続いており、また、信用悪化をさとられないように手形を振り出さない企業も増えている。

なお、手形にかわって電子記録債権による取引も行われているが、でんさいネットによる取引においては、手形取引における不渡りや銀行取引停止処分と同様の制度が用意されている。

(b) 信用情報機関

債権者は、信用情報機関に加盟している場合、その信用情報機関が提供する情報を利用することができる。ただし、各信用情報機関では、提供情報の利用目的が定められており、その目的に反するような利用をしてはならないという制約がある。また、信用情報機関の提供する情報によって、債務者の借入れのすべてを把握できるわけではないことに注意が必要である。

(c) 信用調査会社

信用調査会社が提供する信用調査レポートは、業務内容、財務内容、取引先、保有資産など債務者の状況全般にわたる情報が得られることも多い。しかしながら、信用調査会社が保有している情報は、収集してから時間が経過していることもあり、あらためて債務者の現時点の情報を得るためには、多少の時間と費用を要することもある。また、信用調査レポートに含まれる情報は、必ずしも正確性が担保されていないことには十分に

注意が必要である。

　⒟　債務者の同業者・取引先などの第三者

　法務局以外の第三者のなかで、債務者に関する有力な情報源となるものは、債務者の同業者や取引先などである。債務者の同業者や取引先は、債務者の信用状況について注視しているため、ここから得られる情報には、きわめて有用なものが含まれている場合がある。半面、断片的な情報や不正確な情報も多いので、その情報の評価は慎重に行う必要がある。

⑵　信用悪化兆候

　以上のような情報源から得られる信用悪化の兆候には、さまざまなものがある。業況の軽度の悪化あるいは業況悪化の可能性を示唆するだけの事象から、債務者の財務内容等の深刻な悪化や債務者の返済能力の顕著な劣化、あるいはその可能性を示唆する事象まで含まれる。

　後者の事象に近づくほど、直ちに債権回収活動に入る高い必要性を示すものであるが、それと同時に、各種法令上の制約から債権回収活動に重大な制約が課される場面が多くなることには注意が必要である（たとえば、破産法に基づく弁済等の否認）。図表2－1では、信用悪化兆候について、企業活動一般に関する事象のほか、銀行において特に注意すべきものとして、銀行取引に関する事象についても記載する。

　ただし、図表2－1の事象はあくまでも一般的例示であり、これらの事象があっても詳しく調べると信用悪化とは異なる原

図表２－１　信用悪化兆候

	企業活動一般に関する事象	銀行取引に関する事象
業況の軽度の悪化（の可能性）を示す事象	①売上高の低下 ②売上高利益率の減少 ③一過的な営業損失または経常損失等の計上、その他決算書より得られる各種指標の悪化 ④債務者所有不動産への担保権の設定 ⑤売掛債権その他の資産の譲渡 ⑥債務者の業況悪化に関する噂 ⑦不自然な取締役の交代や見慣れぬ人物の出入り	①流動性預金の平均残高の減少 ②従来の決済日以外の手形決済・手形の支払期日の変化 ③定期預金の期日前解約依頼 ④手形割引依頼の急増 ⑤割引手形銘柄の変化 ⑥取引銀行の変化（主要行の取引減少、取引行の増加等）
中間的事象	①慢性的な営業損失または経常損失等の計上 ②債務者に対する単発の手形の不渡処分 ③債務者が保有する資産に対する（仮）差押え等 ④債務不履行の発生 ⑤債務者からの支払猶予または弁済期変更の要請 ⑥経理担当者との連絡困難	①当座の過振り ②支払手形の依頼返却 ③手形割引依頼の急増 ④債務者からの追加融資の要請（特に、資金繰表にないもの、実行希望時期が切迫しているもの、資金使途が明確でないものなど、異例で計画性に欠けるもの） ⑤延滞の発生
業況の深刻な悪化（の可能性）を示す事象	①会社更生手続申立て、民事再生手続申立て、破産手続申立てなどの倒産手続の申立て ②債務者の代理人弁護士からの介入通知 ③債務者に対する銀行取引停止処分	①延滞の累積

因によることが判明する場合や、逆に、軽度の事象をいくつか組み合わせてみると、深刻な信用悪化がうかがえる場合もあるので、断片的な情報から形式的な判断をするのではなく、情報の収集と分析に努めたうえで多角的な検証を行うことが必要である。

2 信用悪化予知時の基本動作

　以上のように債務者の信用悪化（の可能性）を認識したとき、債権者としては自らの有する権利内容とその保全状況を確認して、回収不能（ロス）の発生の有無・内容を把握する必要がある。そのうえで、債務者との今後の取引の方針や、現在有する債権の回収方針について判断することとなる。そこで、かかる判断の前提として必要となる基本的事項について述べることとする。以下に述べる作業については、債務者の財務状況によっては、十分な時間的余裕がない場合も多いため、緊急度の高いものから順に実行するなどの柔軟な対応が求められる。

(1)　保全状況確認表の作成

　債務者の信用悪化（の可能性）を認識したときは、回収不能の発生の有無・程度を把握するために、現在の債権の保全状況を再確認し、まず保全状況確認表（保全バランス）を作成すべきである。

　保全状況確認表は、概略、表の片側に債権に関する事項を記載し、残りの側に担保権や保証などの保全に関する事項などを記載し、債権のうち担保等で回収が確保されているのはどの部分であり、逆に回収が確保されておらず回収不能の発生の懸念があるのはどの部分かを確認するものである。銀行が債権者で

ある場合について一例を示せば、図表2－2のとおりである。

　以下、保全状況確認表の作成にあたっての留意点を述べる。

　第一に、保全状況確認表の作成は、きわめて早期に行うことが必要である。情報が不完全な箇所は、ひとまず保守的に記載して注意書きを付すなど、手持情報のなかで迅速に作成し、その後の事態の進展に応じて都度更新していくなど、柔軟な姿勢

図表2－2　保全状況確認表の例

保全状況確認表					（単位：百万円）
与信取引		残高	保全内容	金額	備考
手形割引		10	担保預金	10	流動性預金10
手形貸付		50			債務者定期4
当座貸越		60			保証人（代取）
証書貸付	23.4.1実行	10			定期2
	23.9.1実行	30	手形（決済確実分）	5	（期失未了）
	22.3.1実行 保証協会付	15	保証協会（22.3.1証貸）	15	
			有価証券（根質）	5	換価容易
デリバティブ	仮払金	5	不動産	本社土地建物 （根抵当）	40	23.5.1不動産鑑定書の金額に掛目80％で算出。以下同様。
	解約金 （概算）	10			
計		190		A倉庫 （特定抵当： 23.4.1証貸）	10	敷地は借地 （賃料確認状況 支払要）
			計	85	
			過不足	▲105	
代取個人証貸		20	不動産	代取自宅（特 定抵当：代取 個人証貸）	10	
計（会社取引含む）		210			
			計（会社取引含む）	95	
			過不足（会社取引含む）	▲115	

が求められる。

　第二に、実質的かつ網羅的に記載すべきである。債権については、他の支店の取引に係る債権や偶発的な債権についても見落としがないようにすべきである。他方、担保権などの保全に関する事項については、担保権・保証という文言にこだわることなく、実質的に債権が保全されているとみることができるものを取り込むことが望ましい。たとえば、金融機関が預かり保管中の有価証券、相殺適状にある債務などがあれば、債権者としてはそれぞれ商事留置権の行使、相殺により債権の回収を図ることができるので、これらも保全状況確認表に取り込むことが望ましい。

　第三に、保全強化の機会を逸しないために、保守的な記載をすべきである。保全の対象である債権については、継続的な取引がある場合などには、将来において発生する蓋然性がある債権についても取り込むべきである。他方、担保等については、保全として見込む金額に関しては、確実とみられるものに限るべきである。たとえば、債務者から預金を受け入れている場合であっても、相殺適状に達する前は、預金担保以外の流動性預金は回収原資としてみることは適切ではないので、保全状況確認表への記載にあたっては、記載を控えるか注釈付きで記載をすることになる。また、名義変更停止中のゴルフ会員権や換価が困難な不動産などの場合には、換価可能金額まで担保価値を引き下げるなどして、保全状況確認表に記載することになる（担保評価額については、その根拠等について注記することが望ま

しい)。

(2) 権利内容の再確認

債務者の信用悪化(の可能性)を認識したときに、保全状況確認表の作成と同時に行う必要があるのが、債権者が保有していると認識している権利内容の再確認である。権利内容の再確認は、①契約書の形式的点検、②契約の成立に関する問題点の有無の点検、③担保権の対抗要件の具備の点検がある。

a 契約書の形式的点検

各種契約書類については、その内容を再点検し、必要な書類が整っているか、印漏れ、記載の漏れ、記載の誤りがないか確認する必要がある。この点では、金融機関において契約書類に不備があることは少ないと思われるが、事業会社では契約書類を整備しないままに取引が先行していることもあるから、注意を要する。

その結果、問題を発見したときは、債務者などの正当な権限を有している者に補充・訂正をさせることが必要である。債務者の信用悪化が明らかになっている段階では、債務者の協力を得られないこともあるが、そのような場合には、問題があることを保全状況確認表などに記載し、債権者としては問題があるとの認識のもとに適切に行動する必要がある。決して、無理に補充・訂正をしてはならない。

b 契約の成立に関する問題点の点検

契約書等については、代表権・代理権のある者が署名捺印しているか、未成年・意思無能力等の事情はないか、利益相反等の事情はないかを確認する必要がある。

また、信用保証協会や保証会社の保証付融資に関しては、信用保証協会や保証会社との間で詳細な取決めがなされており、その定めに違反している場合には、保証契約が不成立となる場合や、免責条項に該当する結果、保証履行が受けられない場合もあるので、特に注意が必要である。

c 担保権の対抗要件の具備の点検

不動産に設定された抵当権・根抵当権等については、第三者に対する対抗要件として登記が具備されているかを確認する必要がある。有価証券に設定された譲渡担保権等については、当該有価証券の占有を取得しているかを確認する必要がある。また、債権に設定された質権・譲渡担保権等については、債務者に対する確定日付のある証書による通知、債務者からの確定日付のある承諾または債権譲渡登記がなされているかを確認する必要がある。

⑶ 関係者への連絡、報告

債務者の信用悪化（の可能性）を認識したときには、直ちに関係者へ連絡・報告をすべきである。

まず、直ちに所属部署（支店）の上司等に報告すべきである。たとえば、出先で情報を入手したら、所属部署（支店）に戻って報告するのではなく、すぐに電話で報告すべき場合もある。また、自分では情報を十分に咀嚼できなくても、生の事実を正確に伝えることが肝心である。債権回収の前線基地となる営業部署（支店）では、緊急時の情報の集約が図れるように、債権管理の緊急時の連絡ルールや、対応体制についてあらかじめ定めておくことも有用である。

　また、他の関係部署にも逐次迅速に情報の連絡・報告をする必要がある。連絡・報告先については、内規があればそれに従うが、たとえば、与信管理の所管部署はもちろん、債務者に対する与信を行っている可能性のある他の部署なども忘れてはならない。部署間の連絡においては、情報の混乱・錯綜を防ぐため、連絡・報告の発信者となる者を決めておくことも有用である（発信者には、営業部署（支店）の指揮官役となる上司などを選定しておくことも考えられる）。

⑷　各種調査

　債務者の信用悪化（の可能性）を認識したときには、前記⑴や⑵で述べた点以外にも各種の確認調査等を進めることとなる。その際には、無計画に行うのではなく、信用悪化兆候の内容と、債権の保全状況・保全内容という２つの観点から事案全体を俯瞰し、緊急性・重要性の高い事項から行う必要がある。

　たとえば、担保による保全が重要となる事案では、担保物件

が良好な状態できちんと存在し、他の債権者の占有など担保権実行の障害となるような事実が発生していないかを確認することの優先度が高くなる。また、相殺による回収が重要となる事案では、相殺が可能であるかを判断するために、期限の利益喪失事由の発生を確認することの優先度が高くなる。他方、債権の保全が不十分な債務者については、追加の担保となりうる資産の調査などの優先度が高くなる。実務的には債務者方を実際に訪問してみてはじめて把握できる事実も多いことから、信用悪化兆候を把握した場合は、可能な限りすみやかに債務者方を訪問することが重要である。

⑸ 債権回収計画の立案

信用悪化兆候の把握を受けて、保全状況確認表の作成、権利内容の再確認、関係者への連絡、報告および調査確認等を実施しつつ、債権回収の方針と計画について立案することになる。

a 取引の方針

債権回収の方針は、①特段の債権回収を行わないのか（取引維持）、②債権の回収を進めるのか（取引後退）、③債務者の再建に協力するのか（再建協力）という3つに大別される。

より細かくみれば、債務者の信用悪化や保全確保の程度、または債務者との関係性（銀行であれば、メインバンク等の取引上位行か下位行かなど）、他の債権者の状況などにより、さまざまな選択肢を検討する必要がある。たとえば、①取引維持とする

としても追加の保全を求めるのか、②取引後退とするとして
も、強制的な回収手段も視野に入れるのか、③再建に協力する
としても、リスケジュールを超えて債務免除（またはデット・
エクイティ・スワップ（DES）、デット・デット・スワップ（DDS）
など）にまで応じるのか否か、あるいは債務者へのアドバイス
などを提供して自ら再建を主導するのかなどがそれぞれ検討対
象となりうる。

　また、たとえば、ひとまず③再建協力の方針を考えていたと
しても、合理的な再建計画も策定されていないのに、返済期限
の延長（リスケジュール）を繰り返すと、その間に債務者の財
産が流失・毀損する危険があるので、どのようなタイミングあ
るいは状況の発生をもって、②取引後退の方針ひいては強制的
な債権回収活動に入るべきかについては事前に検討しておくこ
とが有用である。

b　回収対象資産の選定

　追加の保全を求める、あるいは債権回収活動を行う場合、担
保目的物や返済原資としてどの資産を対象とするかは、各資産
の回収可能性や換価処分の容易性、および回収によって債務者
に対して与える影響を考慮して決する必要がある。

　たとえば、預金あるいは売掛債権を対象とする債権回収活動
は、金銭債権について直接満足を得られるという優れた面を備
えているが、他方において、いきなり預金あるいは売掛債権へ
の差押えなどの手段に出ると、債務者の資金繰りに重大な影響

を与える可能性が大きく、ひいては債務者の事業再建が困難と
なり、あるいは債務者との軋轢が生じて回収への協力を得るこ
とができなくなり、結果的に回収の最大化につながらない可能
性もある。

(1) 交渉の設定

a 面談による交渉の原則性

債務者との交渉を行う形態としては、電話・書面（手紙）・面談などさまざまなものが考えられる。面談では、債務者の様子、債務者の事業の遂行状況、他の債権者の動向など非常に幅広い生々しい情報が副次的に得られるし、相手方の応接・回答によって、追加質問や書面等の補充、新たな担保物件の取得等幅広い柔軟な対応が可能となる。また、面談することによって、債権者の債権回収に向けた熱意、本気度を債務者に伝えることができるし、それに応じて債務者も債務の履行に向けた真剣な取組みを始めることもある。このため面談を原則的な交渉手段と位置づけるべきである。半面、電話や書面は即時性や記録性など面談よりも優れた面がないわけではないが、補助的な手段として位置づけるべきである。

b 適切な場所・時刻の設定

債務者との交渉にあたっては、場所や時刻の設定に注意を払う必要がある。場所については、正当な理由なく債務者を困惑

させるような場所での面談を設定することや、債務者を困惑させるような場所に宛てて架電することは避けなければならない。たとえば、自然人の債務者と債務者の住所地や職場で面談することについては、債務者の家族や同僚の目といったものがあることを十分に考慮し、慎重にしなければならない。時刻についても、正当な理由なく債務者の私的生活の平穏を害することのないよう、面談や架電の時刻に留意すべきである（貸金業者については、貸金業法21条１項１号、貸金業法施行規則19条１項により、午後９時から午前８時までの間に関しては、債権取立てのための債務者宅の訪問、債務者宛ての架電などが原則として禁止されていることが参考となる）。やむをえず深夜などに交渉が行われることもあるが、そのような場合は、場所や時刻の設定の経緯・理由などについて、記録にとどめておくことが必要である。

　なお、債務者との交渉は、上記の時間や場所に限らず、適切な態様でなされることが大前提となる。この点、貸金業法２章２節のうち21条以下の諸規定および債権管理回収業に関する特別措置法（サービサー法）３章の諸規定は、債権取立行為について規制しているところ、この規制は、貸金業者やサービサー以外に適用されるものではないが（たとえば銀行には適用されない）、適用の有無を問わず十分尊重して慎重に行動する必要がある。

c　複数名での対応

　面談に際しては、原則として複数名で会うことが重要である。不当な取立行為が行われたなど、債務者から事実と異なる申立てを受けた場合への備えともなるし、ことに債務者の支配する場所において面談が行われるときなどにおいて、債権者の身辺の安全確保の意味もあるからである。面談にあたっては、各人の役割を決め、少なくとも1名は記録係に徹するなどすることにより、面談を効率よく行うことが必要である。

(2)　事前準備

a　目標の設定

　債務者との交渉にあたっては、事前準備は非常に重要である。最も重要なことは、交渉の目的を明確にすることであり、時間的制約がある交渉の機会において、最低限達成すべき課題とその余の課題およびそれらの優先順位をあらかじめ検討しておくことである。たとえば、債権証書の形式に問題がある場合には、債務者にその補充・訂正を求めることを最優先課題としたうえで、債務者の取引先の氏名や決済条件など債権保全に向けた情報収集を次順位の課題とするということが考えられる。

b　持ち物の確認

　持参する資料を選択することも重要である。債務者のなかに

は、書類の散逸などによって事実関係が明確に認識できなく
なっている場合もあり、債務者から事実に反する主張がなさ
れ、または債務者から事実関係について質問を受けることも実
務上はしばしば経験するところである。債権者側できちんと事
実関係を説明し、債務者と認識を共通にすることで、無用な混
乱や感情的な行き違いを回避することができるので、債権の発
生やその金額および現在の残高などを説明できる程度の資料は
持参することが望ましい。

　加えて、記録用具などを準備することも重要である。交渉の
現場では、種々の事態が起きる可能性が高いので、それらを記
録するためのペン、メモ用紙などの各種記録用具、また、実際
に使用するか否かは別として、カメラ、ICレコーダーなどの
機器、債務者からその場で弁済を受ける場合に備えて領収書の
用紙、債務者に書類の作成を依頼する場合に備えて朱肉など書
類作成に必要な物品を持参することも考慮すべきである。

⑶　交渉にあたっての注意

a　交渉の時期・頻度

　事態の進展に伴って債務者自身との交渉を行うことさえでき
なくなることは、しばしば経験するところであり、早期に交渉
を行うほど債権保全の手段の選択肢が広がる可能性があるの
で、債務者との交渉は可能な限り早期に行うことが肝要であ
る。また、債務者との接触を密にすることで、最新の情報と債

務者の協力を得られやすくなるので、継続的に交渉を行うことも重要である。そのためには、交渉の過程で次回交渉の約束を取り付け、債務者に次回交渉までになすべき課題を渡し、あるいは資料の提出など期限を切って債務者に対応してもらうことが有用である。

b 交渉の態度

債権者としては、明確な態度で応接し、あいまいな態度をとって債務者に無用な期待や不安を抱かせることのないように細心の注意を払うことが必要である。

また、可能な限り冷静に会話をすることを心がけ、大声を出す、あるいは厳しい言葉を用いるなどして無意味に債務者を追い詰めることを避け、債務者からの質問に対しては的確に情報を提供するなどして信頼関係を構築し、債務者からできる限り情報を聴き出すよう努力すべきである。

そして、信用悪化時の債務者は、しばしば言説を翻すものであるので、交渉の課題はその場で完結するように努力すべきである。たとえば、債務者から権利関係の再確認、新担保権の設定を受けることができた場合には、その場で書面にするなどして、債務者に面前で署名捺印をしてもらい、客観的に証明できるようなかたちにすることを心がける必要がある。債務者が弁済をする意向を示している場合には、その場で弁済をするよう求めるべきであり、数時間程度であっても猶予を求められたときは、その数時間の間に債務者が態度を変え、弁済を拒絶する

可能性があることを十分に認識すべきである。

　なお、交渉記録の作成に際しては、要約版ではなく、やりとりを対話調で記録するのが望ましい場合も多い。

第 3 章

新たな担保・保証の取得（保全の強化）

1 担保・保証の意義

　債務者の業況が順調であるなど、債務者の信用が十分な場合には、所定の期日に債務の返済を受けられるのが通常である。もっとも、債務者の信用力や資金計画は、たえず変化していくものであり、多かれ少なかれ、当初の予定どおりの返済が受けられないリスクは避けられない。

　このような事態に備え、あらかじめ、債務者から担保を取得して当該財産を他の債権者に優先して回収できるようにしたり、債務者以外の第三者から担保や保証を取得して、当該第三者の財産からの回収をできるようにしたりしておくことが重要となる。

2 担保権の基本

(1) 担保権の種類

a 典型担保・非典型担保

　以下では、担保権を取得する方法について解説していく。その前提として、担保権の種類、担保権の法的性質、担保権の取得手続を概観する。

　担保権のうち、民法に定められた留置権・先取特権・質権・抵当権を典型担保という。他方、民法に規定がなく取引慣行のなかで認められた仮登記担保・所有権留保・譲渡担保などを非典型担保という（図表3－1参照）。

図表3－1　担保の種類

		留置権
典型担保	法定担保物権	先取特権
		質権
		抵当権
	約定担保物権	仮登記担保
非典型担保		所有権留保
		譲渡担保

b　法定担保物権・約定担保物権

　担保権のうち、法律の定める要件があれば法律上当然に発生するものを法定担保物権（留置権、先取特権）、当事者の約定によって発生するものを約定担保物権（質権、抵当権、仮登記担保、所有権留保、譲渡担保など）という（図表3－1参照）。本章では、約定担保物権を取得する方法についてみていく。

(2)　担保権の法的性質

a　附従性・随伴性

　各種の担保権には、その多くに共通する性質がある。まず、担保権は、被担保債権の履行の確保のために設定されるものなので、その存立は被担保債権の存立と運命をともにし、被担保債権が成立しなければ担保権も成立せず、被担保債権が消滅すれば担保権も消滅する。この性質を担保権の附従性という。また、被担保債権が移転すれば、担保権もそれとともに移転する。この性質を担保権の随伴性という。ただし、確定前の根担保権には附従性・随伴性は認められない。

b　不可分性

　担保権の権利者は、被担保債権全額の弁済を受けるまで、目的物の全部について権利行使をすることができる。したがって、被担保債権の分割弁済や一部繰上弁済があっても、これに

応じて担保を一部解除する必要はない。また、1個の債権に2つの財産について担保権を設定している場合、一方の担保目的物が滅失した場合でも、他方の担保目的物の全部について権利行使をすることができる。この性質を担保権の不可分性という。

c　物上代位性

　担保権は、①担保の目的物が売却・賃貸・収用をされた場合、その売買代金請求権・賃料請求権・補償金請求権のうえに担保権の効力が及び、②担保の目的物が滅失・毀損した場合の保険金請求権・損害賠償請求権にも同様に効力が及ぶ（ただし、留置権には物上代位性は認められない）。このように、担保目的物の「代」わりとなる「物」の「上」に担保権者としての地「位」が及ぶ性質を物上代位性という。

　担保権者が物上代位を主張するには、代替物である金銭等の払渡しまたは引渡し前に差押えをする必要がある。たとえば、抵当権が設定された建物が焼失したとき、抵当権者が火災保険金から優先的に支払を受けるには、保険会社が設定者に保険金を支払う前に差押えをする必要がある。このように、事故が起こってから急いで差押えをする負担を避けるため、建物に担保権の設定を受けるときに、火災保険金請求権にも質権の設定を受けておくこともある。ただし、実際に建物などの火災があった場合には、保険金を貸金の回収に充てているケースは少なく、むしろ保険金を罹災建物の復旧・再築のために解放し、再

築後の建物等に新たに担保設定を受けることも多い。

(3) 担保権設定手続

a 担保権設定契約の締結

担保権は、担保目的物の所有者と債権者との間で、当該担保目的物に担保権を設定するという契約を締結することによって成立する。債権者としては、この契約の有効性に疑義が生じないように適切に意思確認手続をすることが重要となる。

b 対抗要件の具備

ところで、たとえば、債権者が担保権の設定を受けた不動産について、他の債権者も抵当権の設定を受けることもある。このような場合、抵当権設定契約を先に締結していても、他の債権者が先に抵当権設定登記（対抗要件）を具備すれば、他の債権者が当該不動産から優先的に回収をすることができことになる。

このように、担保権設定契約を締結したとしても、その担保権について対抗要件を備えないと、担保権の取得は完全なものとならず、担保の目的物に利害を有する第三者に対し、担保権の存在を主張することができない。

そのため、債権者の与信管理としては、担保権設定契約を受けたとしても、対抗要件を具備しない限りは、無担保も同然とみるべきであって、できる限り対抗要件（少なくとも仮登記）

図表 3 － 2　担保の目的物に利害を有する第三者の例

第三者	第三者に担保権を主張するために必要な対抗要件具備の時期	対抗要件の具備が後れた場合の回収への影響
担保目的物についての他の担保権者	他の担保権者が担保権について（第三者）対抗要件を具備する前	債権者は、他の担保権者に対し、担保権の存在を主張できず、他の担保権者のほうが担保目的物から優先的に回収を受けてしまう。
担保目的物の譲受人（買受人）	譲受人（買受人）が譲受について（第三者）対抗要件を具備する前	債権者は、譲受人（買受人）に対し、担保権の存在を主張できず、担保権の効力は失われる。
担保目的物の差押債権者	差押えの効力の発生前（たとえば、目的物が不動産であれば、差押えの登記前）	債権者は、差押債権者や買受人に対し、担保権の存在を主張できず、①別途、配当要求等をしない限り、強制執行手続のなかで配当を受けられず、②手続のなかで担保目的物が買受人に売却されると担保権は消滅する。
設定者の破産管財人・再生債務者・更生管財人（倒産手続開始決定は、包括的な差押えの実質を有する）	倒産手続（破産手続・民事再生手続・会社更生手続）の開始決定前ただし、対抗要件の具備が倒産手続の開始決定前であっても、倒産手続の開始決定後に否認権を行使される可能性がある。	債権者は、倒産手続のなかで担保権の存在を主張できないため、当該担保権は別除権や更生担保権としては扱われず、倒産配当しか受けることができない。

の具備に努める必要がある。なお、代表的な第三者の例をあげると図表 3 － 2 のとおりである。

(4) 担保の選定

　法律上は、不動産・動産・有価証券・債権、無体財産権（知的財産権）などの財産の性質にかかわらず、原則として、何でも担保取得をすることができる。

　しかし、担保として取得したものでも、換価処分して回収につなげることがむずかしいと、担保を取得した意味がなくなってしまう。また、担保物の管理に手間を要するようなものは、できれば避けたいところである。そこで、担保の選定にあたっては、①担保の換価価値が下落しにくいもの、②担保の換価がしやすいもの、③担保の管理に手間を要しないものを優先することになる。

　たとえば、不動産は、一般に、動産等と比較すると、担保物の保管について特段の負担は生じないし、鑑定評価などにより客観的価値を把握しやすいうえに通常は価値の変動も大きくなく、また換価も困難でないことが多い。そのため、余剰価値のある不動産があれば、真っ先に担保の候補となるものである。しかしながら、債務者の業況が悪いときには、余剰価値のある不動産がないことも多く、各種の財産を担保として検討する必要がある。

　以下では、担保の目的物のうち、不動産・動産・債権について、担保の取得に関する留意点を整理していくこととする。

土地・建物の担保取得

(1) 担保権の概要

a 普通抵当権・根抵当権

　土地・建物の担保取得には、抵当権を用いるのが一般的である（質権や譲渡担保権などもありうるが、これらの権利が設定される例は、実務上は少ない）。

　抵当権のうち被担保債権が特定されているものを普通抵当権という。これに対し、抵当権のうち被担保債権が特定されていないものを根抵当権という。ただ、まったく無限定というわけではなく、被担保債権の範囲と極度額を定める必要がある。

　銀行実務では、被担保債権の範囲について「銀行取引によるいっさいの債権」「銀行が第三者から取得する手形上、小切手上の債権、電子記録上の債権」などとするのが通常である。この「銀行取引によるいっさいの債権」には、受信取引や為替取引の手数料債権等も含まれる。

　その他、普通抵当権と根抵当権の違いを示せば図表3－3のとおりである。

図表 3 - 3　普通抵当権と根抵当権の違い

	普通抵当権	根抵当権
被担保債権	被担保債権が特定されている。	被担保債権は、契約所定の「被担保債権の範囲」のなかで入れ替わる。
優先弁済権の範囲	元本に、配当時からさかのぼって最後の2年分の利息・遅延損害金を加えた額が優先弁済される。	元本と利息・遅延損害金は、極度額を限度として優先弁済をされる。ただし、元本確定後は、根抵当権設定者の請求があれば、現に存在する債権の額に、以後2年間に生ずる利息・遅延損害金を加えた額に減額がされる。
附従性・随伴性の有無	附従性・随伴性ともに認められる。	附従性・随伴性ともに認められない（被担保債権が消滅・移転しても、根抵当権は消滅・移転しない）。ただし、元本確定後は、附従性・随伴性ともに認められる。

b　根抵当権の元本の確定

　このように、根抵当権の被担保債権は定められた範囲内で入れ替わるものであるが、根抵当権の元本の確定事由が生ずると、被担保債権がその時に存在する債権に特定され（ただし、

図表 3 - 4　根抵当権の主な元本確定事由

確定事由	確定時期	留意点等
確定期日の到来		当事者は、確定期日を定める場合には、確定期日は、それが定められた時から 5 年以内に到来するものでなければならない（民法398条の 6 第 3 項）。
確定請求権の行使	（設定者が行使した場合）確定請求権の行使から 2 週間が経過した時	確定期日を定めなかった場合、設定者は、根抵当権設定から 3 年を経過した時から、確定請求を行うことができる（民法398条の19第 1 項）。
	（抵当権者が行使した場合）確定請求権を行使した時	確定期日を定めなかった場合、根抵当権者はいつでも確定請求を行うことができる（民法398条の19第 2 項・ 3 項）。
目的不動産の強制的換価	（根抵当権者自身が、目的不動産について競売や担保不動産収益執行、あるいは物上代位による差押えの申立てをした場合）申立て時	ただし、取下げなどにより手続が開始されず、または差押えがされなかったときは確定しない。
	（根抵当権者以外の第三者によって競売手続が開始され、または滞納処分による差押えがされた場合）根抵当権者が競売手続の開始または差押えがあったことを知った時より 2 週間を経過した時	ただし、取下げなどによって手続の開始や滞納処分による差押えの効力が消滅した場合、元本は確定しなかったものとみなされる。しかし、元本が確定したと思って、根抵当権やこれを目的とする権利を取得したものがあるときは、確定の効力は消滅しない（民法398条の20第 2 項）。なお、民事再生手続や更生手続開始の決定を受けても元本は確定しないが、担保権消滅許可の決定があれば、根抵当権者がこの決定書の送達を受けてから 2 週間を経過した時に確定する（民事再生法148条 6 項、
	（債務者または設定者が破産手続開始の決定を受けた場合）開始決定時	

		会社更生法104条7項)。
相続	(根抵当権者または債務者に相続が開始され、6カ月以内に存続の合意とその登記がされなかった場合)相続開始時	根抵当権者または債務者が死亡した場合、6カ月以内に、根抵当権者(の相続人)と設定者の間で、(相続人が複数の場合は債権者または債務者となる相続人を指定して)根抵当権を相続させる旨の合意をしてその登記を経た場合は、根抵当権は終始確定しなかったものとされるが、この合意と登記がされなかった場合は相続開始時にさかのぼって根抵当権が確定したものとされる(民法398条の8)。 なお、債務者でない者が設定者の場合、設定者が死亡しても根抵当権は確定しない。
合併・会社分割	根抵当権者または債務者について合併または会社分割があったときも、それだけでは根抵当権は確定しない。もっとも、設定者は、かかる合併・会社分割があったときは、元本の確定請求を行うことができ、この場合は、合併・会社分割の時に元本確定が生じたとみなされる。ただし、この元本の確定請求は、合併・会社分割を知ってから2週間を経過し、または、合併・会社分割から1カ月を経過した時は、もはや行使することができない。また、債務者につき合併・会社分割があった場合で、債務者自身が設定者であるときは、この確定請求権を有しない(民法398条の9、398条の10)。	

その時に存在する元金債権からその後生じる利息債権・遅延損害金債権を含む)、その事由の発生の後に発生した元本債権は根抵当権によっては担保されなくなる。これを根抵当権の元本の確定という。

　根抵当権の元本が確定すると、①根抵当権の全部譲渡、一部譲渡、根抵当権者または被担保債権の債務者についての相続人

との合意の登記（図表3－4参照）ができなくなる一方（民法398条の12、398条の13、398条の8）、②設定者による極度額の減額請求、根抵当権消滅請求ができるようになり（民法398条の21、398条の22）、また被担保債権が消滅・移転すれば、根抵当権もそれとともに消滅・移転することとなる（附従性・随伴性）。なお、極度額の変更や順位の変更などは、確定の前後を問わずに行うことができる（民法374条、398条の5）。

　根抵当権の確定を把握していないと、根抵当権によって担保されると思って融資を実行したが、実は元本が確定していて担保されなかったといった事態が生じる可能性がある。そこで、根抵当権の元本の確定の有無は正確に管理する必要がある。主な根抵当権の元本確定事由には図表3－4のようなものがある。

c　共同根抵当権・累積式根抵当権

CASE

　債権者は、債務者（会社）に対して常時1億円の残債権があるところ、これを保全するために、土地A（評価4000万円）と、土地B（評価6000万円）に根抵当権の設定を受けることとなった。

　複数の不動産に対して債務者および被担保債権の範囲を同じくする根抵当権を設定する場合、累積式根抵当（民法398条の

18）による方法と、共同根抵当（民法398条の16）による方法がある。

　たとえば、土地Aに極度額4000万円、土地Bに極度額6000万円の根抵当権を設定すれば（累積式根抵当）、各物件からそれぞれの極度額まで優先弁済を受けることができる。しかしながら、土地Aが8000万円、土地Bが2000万円で処分された場合、債権者は、土地Aからは極度額の4000万円、土地Bからは2000万円の合計6000万円しか回収することができない。

　これに対し、各物件に係る極度額を同一として、根抵当権設定者と根抵当権において共同担保とする合意をして、設定登記時に共同担保の登記をすれば、同一極度額を限度として各不動産がその価格に準じて被担保債権額を割り付けられる（共同根抵当）。たとえば、土地Aと土地Bに極度額1億円の共同根抵当を設定すれば、両物件の価値が合算で1億円を超えている限り、債権者は、各物件の価値にかかわらず1億円を回収することができる。

　このように、担保評価の点では共同根抵当のほうが累積式根抵当よりもメリットが大きい。そのため、各物件が経済的に一体であるときなど物件ごとの正確な担保評価がむずかしい場合には、共同根抵当を用いるのが適切である。

　また、先順位に共同根抵当が設定されているときは、配当時の取扱いを考慮すると、各々の物件価格から先順位の極度額相当額を差し引いてなお十分な余剰担保価値がある場合を除き、基本的に、先順位の共同担保としている物件に同じく共同根抵

当を設定するのが適切である。

　他方、これらの事情がないときは、共同根抵当は、根抵当の変更などの手続が煩雑で、一部の物件が実行された異時配当時に後順位抵当権者との関係で複雑な関係が生じるので、基本的に、累積式根抵当が適切である。

(2)　担保権取得時の調査事項

　不動産といっても、権利関係に重大な制約が存在するなどして、ほとんど換価価値を見込めない物件もある。そこで、抵当権の取得にあたっては、いわゆる担保としての適格性を確認する必要がある。

a　担保取得予定物件の状態の確認

　まず、目的不動産の所在や状態を把握するために、目的不動産の不動産登記（全部事項証明書）の表題部を確認する必要がある。

　土地については、たとえば、主たる用途が記載されている地目を確認し、担保として適格な土地かを判断することが必要となる。一般に、地目のなかでも、「宅地」や「雑種地」は比較的に換価処分性が高いことが多いが、「田」「畑」などの農地、「山林」「原野」「池沼」などは換価処分性が低いことが多い。

　建物については、登記の原因およびその日付から建築年月を確認することができる。昭和55年6月施行の建築基準法の改正により新耐震基準が導入されているが、新耐震基準に基づかな

い建物については換価価値が低くなる傾向があるので注意を要する。

　また、目的不動産の位置や形状などの把握のためには、現地を確認することが何より必要であるが、その前提として、土地については、不動産登記法14条1項地図またはそれに準じる書面（公図）、地積測量図、建物については、建築図面なども入手して確認することが考えられる（不動産登記所で誰でも入手することができる）。ただし、公図は精度が低く位置や形状が現地と一致しないことも多く、また地積測量図や建物図面は必ず備えられているとは限らないので注意を要する。

　なお、不動産登記情報（全部事項）、地図情報、図面情報については、一般財団法人民事法務協会が運営する「登記情報提供サービス」において、インターネット上で確認することも可能である。

b　担保取得予定物件の権利関係の確認

⒜　不動産の所有権の確認

　目的不動産の登記の権利部（甲区）には、所有権に関する事項が記載されている。まずは、抵当権設定者が現在の所有者として登記されているか確認することになる。

　また、抵当権設定者が、共有者として共有持分を有するにすぎない場合には、一部の共有持分についてのみ抵当権を設定しても、実際上は換金性が非常に乏しいものとなるため、共有者全員から各共有持分について担保設定を受けることが望まし

い。

また、目的不動産の登記の甲区において、①仮登記権者、②買戻権者、③仮処分権者、④仮差押債権者、⑤（競売開始決定や滞納処分による）差押えの登記がある場合、抵当権からの回収ができなくなる可能性があるので注意を要する。なお、②買戻特約付きの不動産に抵当権の設定を受ける場合には、仮に買戻権が行使された場合に設定者（買主）が売主に有することになる買戻代金債権に対し、債権担保を設定することが望ましい。

(b)　不動産の所有権以外の権利の確認

登記の権利部（乙区）には、所有以外の権利に関する事項が記載されている。これによって、先順位抵当権者、地上権者、および賃借権者等ならびにこれらの仮登記権者の有無を確認することができる。

ただし、借地権（建物所有目的の土地賃借権と地上権）に関しては、土地上の借地権者の所有に係る既登記建物があれば、借地権の登記がなくても対抗できるとされており、借家権（建物賃借権）も建物の引渡しがあれば、同様に対抗できる。

(c)　滞納の有無・金額

法定納期限等以前に登記された（根）抵当権の被担保債権は国税（地方税等でも同様である。以下同様。）に優先するが（国税徴収法16条）、法定納期限等の後に登記された（根）抵当権の被担保債権は租税に劣後する。したがって、抵当権の設定を受けるにあたって、抵当権設定者の滞納状況を把握して、少なく

とも滞納税額を控除して担保評価を行う必要がある。

c 担保取得予定物件の公法上の制約の確認

法令のなかには、不動産の処分や使用方法を制限するものがある。これらの制約がある場合には、不動産の換価価値が引き下げられる可能性もあるので、注意を要する。代表的なものは建築基準法（道路との接面状況に関する規制、建ぺい率・容積率、高さ制限などがされている）や都市計画法（一定の区域について建築することができる建物の用途について制限されていることなどがある）に関する規制である。

その他にも、農地（農地法）、林地（森林法、保安林整備臨時措置法）、河川（河川法）、海岸（海岸法、港湾法）、公園緑地（自然公園法、自然環境保全法）、傾斜地（宅地造成等規制法、地すべり等防止法、急傾斜地の崩壊による災害の防止に関する法律）、文化財等（文化財保護法、古都保存法）などに関する法令がある。

d 現地調査

以上のような担保取得予定物件の存在や権利関係、公法上の制約の確認は、単に書類のみで行うのではなく現地調査をすることが大切である。特に、登記事項証明書との不一致の有無を確認すること、賃借権の付着の有無を確認することが重要である。

現地調査における具体的な調査事項を整理すれば、①土地の地勢・形状、②登記事項証明書（土地の地積・地目、建物の種

類・構造・面積等）との一致状況、③土地の利用方法（更地・建物底地・農地等）、④土地の経済的一体性の範囲（一体として利用される土地は、すべて担保取得しないと換価価値が下がる可能性がある）、⑤建物の利用状況（自用、空室、賃貸等）、⑥環境、交通その他換価処分性に影響する諸事情があげられる。

　当然のことであるが、更地に対して抵当権を設定しようとしている場合には、土地上に建物がないか確認をすることが重要である。仮に、当該土地上の第三者が建物を所有している場合や、土地所有者が当該土地上に建物を有しており、法定地上権が成立する場合には、底地部分の価値しか把握できないこととなる（土地およびその地上に存在する建物が同一の所有者に属する場合で、土地または建物の一方に抵当権が設定され、その実行により土地と建物の所有者を異にした場合、その建物につき地上権が設定されたものとみなされる（法定地上権。民法388条））。

　建設資金を融資したときが典型であるが、更地で担保取得をした場合であっても、将来的に更地上に建物が建設されることが想定されている場合も多い。この場合は、保存登記完了と同時に建物を遅滞なく借入金の担保として差し入れる旨の念書の提出を受けることが考えられる。この念書があっても、それだけで担保権の設定登記を行うことはできないが、設定者が、新築建物への抵当権の設定を行わない場合には、新築建物への処分禁止の仮処分を行ったり、（この念書への違反を理由に期限の利益を喪失させ）仮差押えを行ったりすることができる。

　なお、建物建設の請負契約では、請負代金の支払までは建物

の所有権は請負業者にあるとされているものが多く、請負代金の支払がされなかった場合には、請負業者が敷地に商事留置権を有するなどと主張する場合もあり、悩ましい問題である（最判平成29年12月14日最高裁判所民事判例集71巻10号2184頁は、上記とは異なる事案で、不動産への商事留置権の成立を認める判断をしたが、請負業者の敷地への商事留置権と敷地の抵当権との優劣には触れていない。下級審裁判例や学説では、商事留置権は敷地抵当権に対抗できないとするのが趨勢となっていると思われるが、争いがある）。

借地上の建物の担保取得

建物は、敷地利用権がない場合には、ほとんど無価値となってしまう。そこで、借地上の建物に抵当権を設定するときには、①設定者の敷地利用権の有無・内容（種類、存続期間）の確認、②抵当権設定時点において、敷地利用権に係る契約の解除事由が生じていないかを確認する必要がある。さらに、抵当権設定後も、③賃料の未払い等の敷地利用権に係る契約の解除事由が生じていないか把握し、必要に応じて賃料の立替払い等の対策を講じる必要がある。

敷地利用権が借地権（建物の所有を目的とする地上権または土地賃借権）であれば、抵当権の目的建物を任意売却によって第三者に譲渡しようとする場合、または競売もしく

は公売により第三者に譲渡された場合、第三者は設定者の借地権を承継することができる（敷地所有者が承諾をすれば借地権が第三者に移転する。敷地所有者が承諾をしない場合でも、裁判所への申立てをすれば、許可をすべきでない事情がない限り、敷地所有者の承諾にかわる許可を受けることができる（借地借家法19条、20条））。

　以上のような、解除事由に関する確認作業や、敷地利用権の移転の承諾の取得を円滑に進めるため、実務上、抵当権者は、敷地所有者から、建物が任意売却や競売・公売をされた場合は、買主に借地権が移転すること、現在借地権について解除事由が生じていないこと、建物所有者につき賃料不払い等の解除事由が生じた場合には抵当権者に通知し、抵当権者による立替払いを認めることなどを内容とする確認書を取得している。

(3)　対抗要件の具備

　抵当権の対抗要件は登記であって、抵当権の設定契約締結後、すみやかに抵当権設定登記を経ることが原則である。抵当権設定者が、登録免許税の負担などの問題から、登記を経ることに難色を示す場合もあるが、登記留保の取扱いをしてしまうと、第三者に対して抵当権を対抗することができないので、債権者の与信管理としては無担保も同然とみるべきである。

a　仮　登　記

　本登記を経ることが困難である場合、債権者としては、次善の策として仮登記を経ることを交渉する。仮登記とは、すでに物権変動は生じているが、その手続上の不備があるため、本登記をすることができない場合（1号仮登記、不動産登記法105条1号）や、いまだ物権変動は生じていないが、将来物権変動が生じる場合（2号仮登記、同条2号）にされる暫定的な登記である。

　仮登記をしていれば、将来、仮登記に基づいて本登記を経たとき、仮登記をした当初から本登記をしたのと変わらない順位で、権利を第三者に主張することができる（順位保全効）。加えて、本登記に比して登録免許税が少額（1筆につき1000円）ですむため、実務上、本登記をすることが可能な場合であっても、あえて抵当権の権利済証（権利証）や登記識別情報の添付を省略し、1号仮登記を経るということが行われる。

　もっとも、担保目的物について競売の配当金（供託金）の交付を受けるなど、競売からの回収を得るためには本登記を経る必要がある。しかし、いざ本登記をする際には、本登記手続への協力が得られなかったり（その場合は、後記 b で述べるとおり、原則として訴訟を経なければ、債権者単独での登記申請は不可能である）、手続自体への協力が得られる場合でも、すでに抵当権設定者や債務者の資金がなく、本登記の登録免許税を事実上抵当権者が負担せざるをえないときもある。

そこで抵当権者は、仮登記を受けた場合であっても、本登記申請に必要な書類の提出を受けておき、抵当権者の判断でいつでも本登記ができる状態にしておき、また早期に本登記を経ておくことが望ましい。

b　登記留保

　抵当権設定者から仮登記についての承諾も得ることができず、やむをえず登記留保を受け入れる場合であっても、本登記申請の必要書類は常にそろえて、いつでも登記申請をすることができるようにしておくべきである。必要書類は、①抵当権設定契約証書、②登記済証（権利証）または登記識別情報通知書、③委任状、④印鑑証明書、⑤資格証明書である。④印鑑証明書は、発行後3カ月以内のものしか使えないので、常に新しいものの提出を受ける必要がある。抵当権設定者の商号変更など、③委任状の差替えを要する場合もある。

　これらの書類に不備がある場合、債権者から設定者に対し担保権設定登記手続を行うよう求める訴訟を提起して、勝訴判決を得なければ、債権者単独での登記申請は不可能である（なお、これには時間を要するため、これに先がけて、仮処分命令を裁判所に申し立てることも検討すべきであろう）。

　さらに、無事に登記手続が完了したとしても、債務者の信用が悪化してからの対抗要件の具備であるため、当該債務者が法的整理手続に至った場合に、対抗要件の否認を受けるリスクがある。

4 債権の担保取得

　代金支払請求権（売掛金債権、請負代金債権、診療報酬債権等）、生命保険契約上の債権（解約返戻金債権等）、労働契約上の債権（給与債権、退職金債権）、入居保証金に関する債権（敷金債権等）、預金債権などの債権についても、担保取得をすることができる。ただし、不動産に比べると、目的債権の内容の把握、目的債権からの回収の確実性、債務者・設定者に与える影響の大きさに問題があるため留意を要する。

(1)　担保権の概要──債権質・譲渡担保

　債権を担保取得する方法には、目的債権について、質権（債権質）の設定を受ける方法と、（担保目的で）譲渡を受ける方法（譲渡担保）がある。

　債権質と譲渡担保は、実際上の効果はほぼ同様であって、通常はいずれを用いてもさしつかえないが、実務上は債権譲渡担保が利用されることが多い。

(2)　将来債権の担保取得

　将来発生する債権についても、①第三債務者、②債権発生原因、③債権発生時期等によって、目的債権の範囲が当事者間において明確になっている限り、債権質や譲渡担保を設定するこ

とが可能である（以下では、便宜上、譲渡担保を前提とした解説を行う）。

ただし、「設定者が現在および将来有するすべての債権」を目的債権とするなど、設定者の営業活動を圧迫する過剰担保となる場合や、他の債権者との関係で抜け駆け的に不当に担保を取得したとみられる場合は、担保設定契約が公序良俗に反して無効とされる危険性があるので、目的債権の範囲は吟味して定める必要がある。

なお、債権譲渡登記制度では、第三債務者がすべて特定されていることを要しないが、譲渡登記契約の存続期間は、特別の事由がない限り、第三債務者がすべて特定されている場合には50年、それ以外は10年までとされており、債権譲渡登記制度を利用する場合には、債権発生時期をこれ以上長期に設定しても、対抗要件を具備しえない可能性があるので留意が必要である。

(3)　対抗要件の概要

a　対抗要件の種類

債権に関する対抗要件には2つの種類がある。1つ目は、第三者（他の債権質権者、他の譲受人、差押債権者等）に譲渡を主張するための第三者対抗要件である。2つ目は、第三債務者に譲渡を主張するための債務者対抗要件である。

b 第三債務者による承諾・通知

これらの対抗要件を具備するには、内容証明郵便などの確定日付のある書面によって、第三債務者から債権質・譲渡について承諾を受けるか、または債権質・譲渡について設定者から第三債務者に通知をする必要がある（民法364条、467条。なお、確定日付がない通知・承諾は、債務者対抗要件とはなるが、第三者対抗要件とはならない）。

通知・承諾ともに対抗要件を具備することができることに変わりはないが、承諾と同時に抗弁権を放棄する旨の意思表示を取得しておけば第三債務者から抗弁事由の存在を理由に弁済を拒絶されることを防止することができる。そのため、債権者としては、承諾によって対抗要件を備えることが原則となる。

なお、債権者である銀行が、自行預金の預金債権について担保設定を受ける場合には、預金者と預金担保設定契約書を交わすだけで、確定日付ある通知・承諾は経ないのが通常である。銀行は、回収自体は、第三者に優先して相殺によって行うことができ、質権は、預金者の預金払戻請求を拒むことができる（逆にいえば、債務者において預金口座にある資金を使用する必要があるときは都度の質権解除を要する）ようにする意味があるにすぎないからである。

c 債権譲渡登記

債権を担保に差し入れることは、設定者の信用悪化のシグナ

ルととらえられることもあるので、債権譲渡の事実を第三債務者に知られることを避けるために、設定者が承諾・通知による対抗要件の具備を拒むこともある。

そのような場合には、債権譲渡登記をすることによって対抗要件を具備することもできる（動産及び債権の譲渡の対抗要件に関する民法の特例等に関する法律4条）。債権譲渡登記を利用すれば、通知・承諾がなくとも、第三者対抗要件を具備することができる（ただし、設定者が法人である場合にしか利用することができない）。そして、債務者が危機時期になって債権担保からの回収が必要になったときに、登記事項証明書を第三債務者に交付して債権譲渡の通知を行い（この通知は譲受人が行うこともできる）、債務者対抗要件を具備して目的債権からの回収を行うことになる。

d　対抗要件の留保

もっとも、第三債務者が登記を確認すれば担保設定の事実がわかるので（定期的に取引先の債権譲渡登記を確認するものもいる）、設定者から債権譲渡登記による対抗要件具備も拒まれる場合もある。

このように、対抗要件の具備ができなかった場合には、次善の策として、①設定者から日付空欄の債権譲渡の通知書や発送用封筒、ないし②設定者から債権譲渡通知の委任状を預かり、債権者が債権保全上必要と判断したときに、①上記通知書の日付を債権者において補記して発送するか、②設定者の代理人と

して債権譲渡通知を発送するかできるようにしておくことがある。

　もっとも、この方法によっても、通知発送までに現れた第三者には対抗をすることができず、また通知を行う時期によっては対抗要件を否認される可能性もあるので留意が必要である。

(4)　担保権取得時の注意事項

a　譲渡制限特約

　債権は原則として債権質の設定や譲渡をすることが可能である（民法466条1項）。当事者の合意により、目的債権について譲渡制限特約を付すことも可能ではあるが、譲渡制限特約に違反する債権質の設定や譲渡が行われても有効である（同条2項）。

　ただし、債権者（質権者、譲渡担保権者）がこのような譲渡制限特約の存在を知っているか（悪意）、知らないことにつき重大な過失がある場合には、第三債務者は、債権者への債務の履行を拒むことができ、かつ、債務者（質権設定者、譲渡担保権設定者）への弁済により債務が消滅したこと等を債権者に主張することができる（同条3項）。

　もっとも、第三債務者が債務を履行しない場合は、債権者が第三債務者に対し相当の期間を定めて債務者への履行を催告し、その期間内に履行がなければ、債権者は第三債務者に対して債務の履行を請求することができる（同条4項。その後の債

務者への履行は無効となる）。

b　第三債務者の抗弁事由

　目的債権に関して、第三債務者が、設定者に対し、支払を拒む抗弁を有している場合がある。その典型は、すでに弁済済みであるという抗弁であり、このため、債権の譲渡担保は、担保取得時に対象債権の実在性などを慎重に精査しなければならないが、実際には、多数の債権を担保取得する場合には十分な精査がなされておらず、債務者の破綻時に取立てを試みたらほとんどの債権が存在しない状況になっていたということは珍しくない。また、第三債務者が設定者に債権を有しており、その債権と目的債権を相殺する予定である場合などもある。目的債権について質権設定や譲渡がされただけで、第三債務者が抗弁事由を失うのは酷であるから、第三債務者は抗弁事由を債権者（質権者、譲渡担保権者）に対しても主張して、弁済を拒むことができる。

　債権者としては、第三債務者に、債権譲渡の承諾の際に抗弁権放棄の意思表示をしてもらうことが考えられるが、包括的な抗弁権放棄の意思表示の有効性については議論があるため、債権譲渡承諾書に放棄の対象となる抗弁事由を例示列挙するなどして、第三債務者の意思表示が事後的に無効とされるリスクを低減することが望ましい。

c　取立てに向けた準備

　第三債務者は、債権質や債権譲渡担保について債務者対抗要件が具備されても、二重払いの危険を避けるなどの観点から、債権者（質権者、譲渡担保権者）の取立てに応じることに慎重になることがある。そこで、第三債務者から円滑に支払を受けることができるように、あらかじめ準備しておくべきである。

　たとえば、①目的債権に係る契約書や発注書などの資料の写しを得ておくこと、②第三債務者の担当部署や連絡先を把握しておくこと、③その他取立てに実務上必要なことがないか確認しておくことが考えられる。

債権譲渡についての経過措置

　令和２年民法改正前は、目的債権について譲渡制限特約が定められているときは、第三債務者の承諾を得ない限りは、債権質の設定や譲渡をしても無効とされていた。また、第三債務者が債権者に対し、担保設定について抗弁事由がある旨の異議を述べずに承諾した場合は、第三債務者が抗弁事由を有していても債権者に主張できないとされていた。

　債権譲渡に関する改正民法の規定は、同法の施行日である令和２年４月１日以後に債権譲渡が行われた場合に適用

されるため、同日以前に設定された債権譲渡担保について
は、なお旧法が適用されることに留意する必要がある（改
正附則22条）。

動産の担保取得

　工場の機械器具類や商品在庫などの動産も、担保取得の対象となる。動産担保については、担保価値の評価がむずかしく、与信期間中の管理を要し、また処分・換価が容易でない場合もあるなどの理由から、一般的には、不動産担保などに比して回収の確実性と管理の容易性に劣ることも多い。もっとも、取引先の商品についての理解を深め、適切に管理・処分する術を見つけることができれば、実効的な担保となりうるものである。近年では、在庫商品等を担保にとって、そこから発生する運転資金等を紐付きで融資するABL（アセット・ベース・レンディング）も広がりをみせている。

(1)　担保権の概要

a　担保権の種類──動産質・譲渡担保

　動産を担保取得する方法には、目的動産について、質権（動産質）の設定を受ける方法と、（担保目的で）譲渡を受ける方法（譲渡担保）がある。

　動産質は、原則として、設定者が質権者に現実に目的物を引き渡して、質権者がその占有を継続しなければならないとされている（民法344条、352条）。ここでいう引渡しには、後述する

占有改定（民法183条）は含まれず、質権者の手元に目的物が残らないかたちで行わなければならない（現実の引渡し（民法182条1項）、簡易の引渡し（同条2項）、指図による占有移転（民法184条））。しかしながら、工場機械類や在庫を設定者から取り上げることは実際上不可能であり、質権者（金融機関等）としても動産の占有には管理コストが生じるので、動産質を利用することは現実的ではない。

他方、動産の譲渡担保は、このような現実の引渡しがなくとも、合意だけで成立する。もっとも、対抗要件を具備するには、後述の動産譲渡登記を利用しない場合には、目的物の「引渡し」が必要であるものの、ここでいう「引渡し」は、設定者が現実に物を保持したまま、今後は相手方のために占有するとの意思表示をすること（占有改定）だけで足りるとされている。そこで、動産担保では、一般的に譲渡担保が用いられる。

b　動産譲渡登記

動産の譲渡担保では、対抗要件について、「引渡し」にかえて、動産譲渡登記を経る方法によることもできる（動産及び債権の譲渡の対抗要件に関する民法の特例等に関する法律3条。ただし、設定者が法人である場合にしか利用することができない）。複数の譲渡担保の優劣は、引渡しと登記の早いもの順となる。「引渡し」（特に占有改定）では、登記の場合と異なり、いつ引渡しがあったのかが明確にならないので、引渡日の証拠となるように、譲渡担保設定契約書に確定日付を受ける必要がある。

動産譲渡登記と「引渡し」（占有改定）とで、法的な効果に
違いはない。一般に、動産譲渡登記は、登記手続に費用と時間
を要するので、占有改定のほうが簡易迅速であるといえる。
もっとも、占有改定では動産担保の存在が周りからわからない
が、動産譲渡登記を経れば譲渡担保の存在が公示されるので、
設定者が二重に譲渡担保を設定することを防ぐ効果があるとい
われている。もっとも、占有改定であっても、実務の実態とし
ては、商品店頭在庫のように信用維持への支障が大きい場合は
ともかく、債務者の承認を得て、目的物に担保物である旨の表
示（明認方法）をしておき、定期的に動産及び当該表示の状況
を確認しているのが通常であり、他の債権者も、現地に赴きさ
えすれば、譲渡担保の存在を容易に認識することができる。

c　集合動産譲渡担保

　目的動産が商品在庫の場合は、複数の在庫商品をまとめて担
保にとることになるが、在庫を構成する個々の商品は入れ替
わっていくものである。在庫商品を出荷するたびに従前の動産
譲渡担保契約を解除し、新たな在庫商品が入るだけに動産譲渡
担保契約を締結するというのでは、あまりにも煩雑である。そ
こで、このように構成部分の変動する流動動産については、そ
の種類、所在場所および量的範囲を指定するなどなんらかの方
法で目的物の範囲が特定される場合には、１個の集合物として
譲渡担保を設定することができるとされている。

⑵　担保取得・管理上の留意点

a　所有者等の確認

　設定者が目的動産の所有者でなければ、動産譲渡担保を受けたとしても、譲渡担保の効力は生じない。目的動産の機械器具類に所有権留保が付されている場合やリース物件である場合、商品在庫がいわゆる委託販売商品であり、所有権が納入業者にとどまっている場合には、動産譲渡担保を受けることはできない（所有権留保と集合動産譲渡担保権の優劣が問題となった事案において、売買代金が完済されるまで所有権は売主から買主に移転せず、当該動産について譲渡担保権の主張はできないと判示した裁判例として最判平成30年12月7日最高裁判所民事判例集72巻6号1044頁）。

　この点、動産の取引については、無権利者から権利を取得した者を保護する即時取得という制度がある（民法192条）。即時取得とは、①ＢがＡからその占有する動産について、②所有権の譲渡（譲渡担保権の設定）ないし質権の設定を受けた場合、③Ａが当該動産について無権利者であっても、④Ｂが無過失でＡに処分権限があると信じて当該動産の譲受等を受け、⑤当該動産の引渡しを受けて占有を開始すれば、⑥Ｂは、当該動産の所有権（譲渡担保権）ないし質権を取得するという制度である。しかし、ここでいう引渡しは、動産質における引渡しと同様に、占有改定は含まないものとされている。そのため、動産

の譲渡担保について、目的物を設定者の手元に残さないかたちでの引渡しがされているという例外的な場合でない限り、即時取得は成立しない。

　また、設定者の所有物である場合にも、すでに第三者が動産譲渡担保を受けている可能性がある。先行する動産譲渡担保が動産譲渡登記によって対抗要件を具備している場合には、登記を確認することでその存在を知ることができ、占有改定により対抗要件が具備されている場合には、明認方法があれば確認することができるが、実務上は、当然、設定者への確認も行うことになる（業界慣行などの知識を身につけておくことで、深度のある確認をすることができる）。

b　目的物の特定

　動産譲渡担保契約では、目的動産を明確にしておくことが必要である。個々の動産の譲渡担保契約の場合は、品名・型番・設置場所等によって動産を特定する。

　集合動産の譲渡担保契約の場合は、目的動産の種類、量的範囲、所在場所等で特定する必要がある。設定者が、同種の商品について複数の保管場所を有しているときは、できる限りすべての保管場所を押えることが望ましい（設定者が、担保設定の対象となっていない保管場所に優先して在庫を集めるといった事態を防止する効果がある）。

c　換価容易性の検討

　動産担保を設定したとしても、実際に換価処分ができなければ、絵に描いた餅となってしまう。動産担保の実行時には、設定者ではなく譲渡担保権者が処分を行う必要があるので、①処分先が見つかる可能性があるか（本来の販売先に処分できる見込み、同種業者や問屋などに処分できる見込み、オークション市場の有無など）、②そのときの売却価格はどうかについて検討をする必要がある。また、譲渡担保を実行する時点では、設定者が目的動産の管理をすることが事実上できなくなっていることがある。目的動産が、動植物のように、日常的に管理が必要で管理を怠ると換価価値が急激に毀損される場合には、危機時期における管理方法についてあらかじめ検討しておく必要がある（管理にあたって電気代等の立替払いが必要になることもある）。

　なお、動産担保を実行する必要がある場面では、設定者が動産の保管場所である倉庫料の支払をしていないこともしばしばある。その場合、倉庫業者は倉庫のなかにある動産について商事留置権を行使することができ、担保権者は倉庫代金を支払わないと目的動産の処分をすることができないこととなる。

d　集合動産の流入・流失の把握

　集合動産譲渡担保では、設定者は、「通常の営業の範囲内」で譲渡担保を構成する動産を処分する権限が付与されており、この権限内で処分された相手方は、当該動産について譲渡担保

の拘束を受けることなく、確定的な所有権を取得することができる。そこで、「通常の営業」において在庫商品がどのようなかたちで販売され、販売後どのように新たな在庫商品が流入するかを把握しておく必要がある。また、占有改定によって対抗要件が具備されている場合には、販売先の即時取得が成立することが多いと思われる。そうなると、譲渡担保権者は当該目的動産からの回収をすることはできない。

動産売買先取特権

　商品の販売を行う業者では、その売買代金をどのように回収するかが重要な課題となる。売主は、代金債権を保全するため、所有権留保としたり、リース契約や委託販売契約としたりするなど、目的物からの回収について約定の手当をすることができる。これに加えて、民法では、特段の約定をしていなくても、動産売主に対し、売買目的物上に成立する法定担保権として動産売買先取特権を与えている（民法321条）。もっとも、この動産売買先取特権は、債務者（買主）がその目的物である動産を第三者に引き渡した後は、その動産について行使することができないとされている（民法333条）。

　この売主の権利と、買主の債権者（売主以外の者）が設定する動産譲渡担保の優劣は以下のとおりである。まず、

すでに述べたとおり、所有権留保が付されている場合、リース物件である場合、あるいは委託販売商品である場合は、買主の債権者は、即時取得が成立する例外的な場合でない限り、動産の譲渡担保権を有効に設定することができない。これに対し、動産売買先取特権については、判例上（最判昭和62年11月10日最高裁判所民事判例集41巻8号1559頁）、動産の譲渡担保設定時の占有改定も、民法333条にいう「引き渡し」に該当すると解されており、これによれば、買主の債権者が設定を受けた動産の譲渡担保権が、売主の動産売買先取特権に優先することとなる。

担保法改正に関する動向

　動産や債権等を担保の目的として行う資金調達の利用の拡大など、不動産以外の財産を担保の目的とする取引の実情等に鑑み、その法律関係の明確化や安定性の確保等の観点から、担保に関する法制の見直しを行う必要があるとの法務大臣の諮問を受け、令和3年に法制審議会に担保法制部会が設置され、担保法制の見直しに関し審議が行われた。

　令和4年12月に取りまとめられた中間試案においては、登記により対抗要件を備えた動産譲渡担保権は、占有改定

により対抗要件を備えた動産譲渡担保権に優先するという、登記優先ルールを採用することが提案されている。これに対して、債権譲渡担保権については登記優先ルールを採用せず、第三者に対抗することができるようになった時の前後によって優劣を決定することが提案されている。

　また、担保法制部会では事業のために一体として活用される財産全体を包括的に目的財産とする担保制度（事業担保制度）の導入についても議論されており、今後の担保法改正の動向に注視する必要がある。

6 保証の取得

(1) 保証の意義

　保証とは、保証人の責任財産からの回収も可能にし、債権者の引当財産を強化するものである。保証人の信用力を担保にするものであるので、人的担保とも呼ばれる。

　なお、保証契約は、保証人と債権者との間の契約であるが、単に口頭で合意するだけでは成立せず、書面を交わさないと契約として成立しない（民法446条2項）。

(2) 保証人の選定

　保証人の要否・選定は、主債務者自身による返済の確実性の程度、保証人の返済資力の大小、主債務者との関係性などを考慮して定める必要がある。

　たとえば、銀行が、中小企業に対して融資をする際、当該企業に優良な親会社があることが与信判断の重要な前提となっているときは、親会社から保証の提供を受けるようにすることがある。なお、経営指導念書を受けるだけで十分といった判断もありうるので、どこまで求めるかは与信判断の問題である。

　また、銀行が、中小企業に対して融資をする場合、代表者等からの保証を受けることが多い。これは代表者等の個人資産

（自宅不動産など）からの返済を期待しているということもあるが、代表者等が放漫な会社経営をしないように牽制し、また会社の資産が代表者等に移転されても追及できるようにする意味合いが大きい。

(3) 主債務との関係性

保証人の負担する保証債務と、主債務者の負う主債務は、あくまでも別個の債務である。ただし、保証債務は主債務の実現のために存在することから、保証債務と主債務の間には特殊な関係が認められている。

まず、保証債務は、主債務より重く定められたときは主債務の限度に縮減する。次に、担保権と同様の附従性や随伴性が認められるが、主債務の責任を重くする内容の変更は、保証人の同意がない限り保証人に及ばない（主債務の返済期限の延期のような、主債務者に有利な変更は、保証人に及ぶ）。

(4) 保証の種類

a 単純保証・連帯保証

単純保証の場合には、保証人は、①債権者から債務の履行を請求されたときに、まず主債務者に催告するように求める権利（催告の抗弁権、民法452条）、②債権者が主債務者に催告した場合であっても、主債務者に弁済の資力があり、かつ執行が容易であることを証明して、まず主債務者の財産について強制執行

をするよう求める権利（検索の抗弁権、民法453条）を有している。また、保証人が複数いる場合、保証人は債権者に対しては各自平等の割合をもって分割された額についてのみ保証債務を負担する（分別の利益、民法456条が準用する427条）。

他方、連帯保証の場合、連帯保証人は催告の抗弁権や検索の抗弁権や分別の利益を有しない（同法454条）。つまり、債権者は、他の保証人の有無にかかわらず、主債務者と連帯保証人のどちらにも、履行期にある債権を直ちに全額請求できるし、どちらの財産についても自由に強制執行をすることができる。実務上は、連帯保証が一般であり、単純保証は皆無に等しい。

b 特定債務保証・根保証

特定の債務を主債務とする保証を特定債務保証といい、一定の範囲に属する不特定の債務を主債務とする保証を根保証という。

根保証には、一定の継続的取引関係（債権者が銀行であれば銀行取引約定書1条に規定する取引）から生じるすべての債権について現在および将来のいっさいの債務を極度・期限の限定なく保証する包括根保証と、取引種類・極度額・保証期限などを定めた限定根保証がある。

c 個人根保証契約・個人貸金等根保証契約

根保証（特に包括根保証）は、債権者にとっては都合のよいものであるが、逆に保証人の負担が過大となる懸念もある。

そこで、保証人が個人である根保証契約（個人根保証契約）
では、包括根保証が禁止されており、主たる債務の元本、利
息、遅延損害金等のいっさいを含む額にかかる極度額を定めな
ければ無効となる（民法465条の2第1項・2項。元本の極度額を
定めただけでは足りない）。これに加えて、個人根保証契約のう
ち貸金等債務（金銭の貸渡しまたは手形の割引を受けることによっ
て負担する債務）が主債務に含まれる契約（個人貸金等根保証契
約）では、元本確定期日は、契約で定める場合には契約日から
5年以内としなければならず（それより後の期日の定めは無効で
あり、期日の定めがないものとされる）、契約で定めない場合に
は契約日から3年後の日とされる（民法465条の3第1項・2
項）。

　法人が保証人の場合には、このような制限を受けることはな
く、期限を定めることのない根保証契約も可能であるが、保証
契約を締結してから相当期間が経過した場合や、主債務者と保
証人の関係が変化した場合など、信義則上、保証人が根保証を
解約することが認められる可能性がある（解約時点以降に発生
する債権は保証しない）。

経営者保証ガイドライン

　中小企業の経営者による個人保証（経営者保証）には、
経営への規律づけや資金調達の円滑化に寄与する面がある

一方、経営者による思い切った事業展開や、経営が窮境に陥った場合における早期の事業再生を阻害する要因となっているとの指摘があった。

そこで、平成25年に、中小企業、経営者および金融機関共通の自主的なルールとして、経営者保証に関するガイドライン（経営者保証ガイドライン）が策定された。

経営者保証ガイドラインでは、主債務者が、①法人と経営者の資産・経理が明確に分離されており、法人と経営者の間の資金のやりとりが、社会通念上適切な範囲を超えないこと、②財務基盤が強化されており、法人のみの資産や収益力で返済が可能であること、③金融機関に対し、適時適切に財務情報が開示されていること、という要件のすべてまたは一部を満たした場合、金融機関は要件の充足度合いに応じて、経営者保証を求めないことや保証機能の代替手法として、停止条件付保証契約（主債務者が特約条項に違反しない限り保証債務の効力が発生しない保証契約）等の活用を検討すること、とされている。

7 担保設定契約・保証契約の締結（意思確認）

担保や保証は、担保設定契約や保証契約によって成立する。だが、いざ担保実行や保証履行請求をしたところ、設定者・保証人から、約定書に署名・押印をした覚えがないなどとして、契約の成立や有効性を争われることも少なくない。

このような紛争を予防するためには、担保設定契約・保証契約の締結に際し、設定者・保証人から印鑑証明の提出と契約書への署名押印を受けるのはもちろんであるが（保証契約については、単に口頭で合意するだけでは成立せず、書面を交わさないと契約として成立しない。民法446条2項）、一定の書類や約定書が整っているかといった形式的な対応ではなく、各事案の特性をふまえたうえで適切な意思確認手続を行うことが重要である。また、一定の類型の保証契約については、保証人保護の観点から、公証人が保証人になろうとする者の意思確認を行うこと等が必要とされている。以下、その留意点について整理を行う。

(1) 設定者・保証人が個人の場合

a 本人を相手方とする場合

担保設定契約・保証契約の締結は、設定者・保証人本人の面前で、契約の重要部分は本人自らに記入させるなど、本人が契

約内容を理解していたことを示す証跡確保に配慮することが望ましい。

b　第三者を介する場合

設定者・保証人本人の面前での手続ができず、契約書が債務者等の第三者を介して債権者に持ち込まれたり、第三者が代理人として契約書に署名・押印したりする場合、署名・押印が設定者・保証人本人の意思に基づくものか、あるいは第三者に当該契約についての代理権が与えられているかを確認する必要がある。なお、無権代理であっても、なんらかの基本代理権が存在し、銀行が当該契約についての代理権があると信じ、かつ、そう信じる「正当な理由」があれば、当該契約の効力は設定者・保証人本人に及ぶ（民法110条。権限踰越の表見代理）。

c　個人保証の制限（保証意思宣明公正証書の作成義務）

保証人が個人である保証契約のうち、事業のために負担する貸金等債務（事業性貸金等債務）を主債務とする保証契約または主債務に事業性貸金等債務が含まれる根保証契約については、契約締結日の前1カ月以内に作成された公正証書（保証意思宣明公正証書）において、保証人になろうとする者が保証債務を履行する意思を表示していなければ、効力が生じないこととされている（民法465条の6）。なお、保証人になろうとする者が主債務者である法人の取締役である場合等、いわゆる経営者保証に該当する場合には、例外的に保証意思宣明公正証書の

作成手続は不要である（民法465条の9）。そのため、債権者としては、経営者等に該当することを裏付ける資料（法人の登記事項証明書等）の提出や、表明保証を保証人になろうとする者に求めることが考えられる。

d　主債務者の情報提供義務

　主債務者は、事業のために負担する債務（事業性債務。貸金債務に限られない）を主債務とする保証または主債務に事業性債務が含まれる根保証の委託をするときは、保証人になろうとする個人に対し、①財産および収支の状況、②主債務以外に負担している債務の有無・額や履行状況、③主債務に関し他に提供している担保または提供予定の担保について、情報を提供する必要がある（民法465条の10第1項）。主債務者がかかる情報提供をせず、または事実と異なる情報を提供したために、保証人になろうとする者が誤認して保証契約を締結した場合、主債務者が情報提供をせずまたは事実と異なる情報を提供したことを債権者が知りまたは知ることができたときは、保証人は保証契約を取り消すことができる（同条2項）。債権者としては、かかる契約取消しのリスクを回避するために、主債務者からの情報提供を受けたことについての表明保証を保証人になろうとする者に求めることが考えられる。

(2)　設定者・保証人が法人の場合

a　意思決定の手続の確認

　設定者・保証人が法人である場合、代表者の意思確認手続や、代理人（従業員等）の代理権の範囲の確認に加え、契約を締結するという意思決定が適切に行われているか確認すべきときがある。

　以下、取締役会が設置されている株式会社を例に説明をする。まず、被担保債務・主債務の債務者が代表取締役自身である場合や、代表取締役が代表を務める別法人である場合は、代表者が株式会社の100％株主であるといったときを除き、代表取締役が担保設定契約・保証契約を締結することは利益相反取引となり（会社法356条）、代表取締役は契約締結について取締役会の承認を得る必要がある。次に、「重要な財産の処分」や「多額の借財」は取締役会の決議事項とされているから（会社法362条4項）、担保目的物が「重要な財産」である場合や、保証が「多額」である場合は、担保設定や保証についても取締役会決議が必要となる。

　これらの場合、取締役会の承認・決定がなされておらず、債権者がそのことを知っていた場合や、知りえたような場合（過失がある場合）には、担保や保証が無効とされる可能性がある。債権者としては、担保設定者・保証人の代表取締役から社内手続を適正に履践していると聞いており、それを疑うべき事

情がなければ、原則として過失がないものと思われる。無用な紛争を予防する見地からは、利益相反取引に該当する場合には、代表取締役から（より慎重にするならば、他の役員からも）、社内手続を適正に履践したと確認をすることも考えられる（実務上は、取締役会議事録の提出を受ける例も少なくない。もっとも、取締役会議事録の取得を定型的に求めた結果、営業の現場において、例えば、取締役会を開催していない中小企業等から、取締役会議事録の記載例を求められて、それに応じて提供するような事態が生じると、実態として取締役会が開催されていないのを知りながら記録の作出に協力したかのようにみえる経緯にもなりかねず、本末転倒である）。

b　法人の目的の確認等──設定者・保証人が非営利法人の場合

　法人の場合、定款等で定められた目的の範囲内でしか行為できない。株式会社などの営利法人の場合、目的の範囲による制限は事実上存在しないと考えてよいが、非営利法人については、目的の範囲が厳格に解される傾向があり、また各種の特別法で特別の手続が要求されることがある。

　たとえば、宗教法人以外の第三者の債務について、宗教法人から境内地に担保の設定を受けるような場合は、当該第三者と宗教法人の関係や被担保債務の内容などに照らして、担保提供の目的が法令と規則の目的の範囲内といえるか確認する必要がある（宗教法人法10条）。その他に、責任役員会の決議（同法19

条）や公告（同法23条）など、宗教法人法などで定められた手続が適正に履践されているかも確認する必要がある。

保証についての経過措置

　令和2年民法改正により、個人根保証の規律の適用拡大、個人保証の制限（保証意思宣明公正証書の作成義務）、契約締結時の情報提供義務等が導入され、個人保証人保護が強化された。

　保証に関する改正民法の規定は、同法の施行日である令和2年4月1日以後に締結された保証契約に係る保証債務に適用されるため、同日以前に締結された保証契約に係る保証債務については、なお旧法が適用されることに留意する必要がある（改正附則21条1項）。

8 否 認 権

(1) 意　　義

　以上のとおり、担保と保証の取得は債権の保全上重要なものであるが、取引先は担保の差入れに難色を示すことも少なくない。だからといって担保の取得を躊躇していると、他の債権者が先に担保設定を受けてしまうリスクがある。また、他の債権者より先に担保を取得できた場合でも、債務者が危機時期に陥ってから担保を取得した場合、後で担保の効力が否定されてしまうことがある。

　すなわち、危機時期にある債務者が、債権者を害して不当に財産を廉価で処分したり、一部の債権者に担保提供や弁済をしたりしては、債権者の公平が害される。そこで、倒産手続（破産、民事再生、会社更生）の管財人や監督委員には、逸出した財産の回復や再生債権者間の平等確保のために、手続開始前の財産減少行為や弁済・担保提供の効力を否定し、債務者の責任財産を回復する権利（否認権）が認められている。否認権のうち、債務者の責任財産を減少させ、総債権者を害する行為の否認を詐害行為否認といい、担保提供や弁済のように、債権者平等に反する行為の否認を偏頗行為否認という。

　債権者としては、否認リスクが生じないように早めに担保を

とることが重要である。ただ、債権者が否認権の行使を受ける可能性がある局面でも、委縮して担保取得を断念する必要はなく、むしろ積極的に担保を取得すべきである。必要なのは、否認リスクを理解して、リスクを前提に債権管理をすることである。以下、債権者が受ける弁済や担保・保証の提供について、否認権の行使を受けるリスクが生じる場合の説明を行う。

詐害行為取消権

倒産手続の開始決定前に、否認権と同様に債務者の責任財産を回復する制度として詐害行為取消権がある（民法424条）。たとえば、債務者が、債務超過になった後で、債権者からの強制執行を免れるために、自宅を親族に贈与した場合、債権者（銀行）は、当該親族に取消訴訟を提起し、その贈与契約を取り消し、不動産登記を債務者に回復させたうえ、当該不動産に強制執行をすることができる。

従来、詐害行為取消権については、一般原則しか定められておらず、個別の場面における運用は解釈により行われていたが、令和2年の民法改正により、詐害行為取消しの対象となる行為が類型化され、相当価格処分行為、特定の債権者に対する担保の供与等（偏頗行為）、債務者の義務に属さない担保の供与等（非義務行為）、過大な代物弁済等の債務の消滅行為に関

し、詐害行為取消権の行使要件が定められた（民法424条の2ないし424条の4）。かかる改正は、詐害行為取消権と倒産法における否認権の整合性を図るという視点からなされたものであるため、以下では否認権について取り上げる。

(2)　偏頗行為否認

a　要　　件

CASE

　取引先であるA社は、ここ1年で急激に業績が悪化していたため、債権者は、4月1日、A社から不動産への根抵当権の設定を受けて登記を経た（あらかじめ担保提供特約はなかった）。4月20日になり、A社の社長から、突然、「大口の売掛先が破産したため、近いうちに資金繰りが行き詰まる」との報告を受けた。そして、A社は、5月末から各種の債務の延滞を開始し、7月に破産手続を申し立てるに至った。

　偏頗行為否認の要件には、債務者の財産状況に関する客観的要件と、利益を受けた債権者の認識に関する主観的要件がある。その具体的内容は図表3－5のとおりである。

　弁済行為や担保提供行為は、義務のある行為かどうかで要件が変わってくるが、義務のある弁済行為とは弁済期にある債権

図表3－5　偏頗行為否認の要件

		支払不能になる30日前	支払不能 (支払停止は支払不能と推定される)	倒産手続開始申立て
【客観的要件】	【主観的要件】			→ 時間
義務のある行為 (期限到来、期限の利益喪失後の弁済等)	債権者が、債務者の倒産手続開始の申立てを知っていたこと (破産管財人等が「(債権者が)知っていたこと」の立証責任を負担する)			
	債権者が、債務者の支払不能または支払停止を知っていたこと (破産管財人等が「(債権者が)知っていたこと」の立証責任を負担する)			
義務のない行為 (期限前弁済や任意の交渉で既存債務のために担保提供を受けた場合等)	債権者が他の債権者を害する事実を知っていること (債権者が「知らなかったこと」の立証責任を負担する)			

（網掛け部分が否認対象）

を弁済することを指す。他方、担保提供行為は、債権者が担保提供特約を結んでいれば義務のある行為となるが、担保提供特約を結んでいることは多くなく、通常の場合は義務のない行為となる。なお、目的物を特定しない抽象的な増担保条項があるだけでは、特定の財産について担保提供義務が生じているとはいえないので、義務のある担保提供行為とはならない。上記CASEの担保提供行為は、あらかじめの担保提供特約がないので、義務のない行為である。そこで、担保設定時が支払不能になる前30日以内であれば、債権者に他の債権者を害するという認識がなかったといえない限り、否認の対象となる（破産法162条1項2号）。

　この支払不能とは、債務者が弁済期にある債務の全部または大部分を支払うことができなくなり、その状態が容易に解消されない状態にあること（一時的な資金不足ではない）である（破産法2条11項）。支払不能は、債務者の内実の状態にすぎないから、いつの時点から支払不能に陥ったか、それを債権者がいつ知ったかが明確でなく、破産管財人等と債権者で意見が分かれることが少なくない。

　上記のCASEの場合、A社が倒産手続に至ったとき、その破産管財人等が、弁済期にある債務を弁済することが将来できなくなることが見込まれる以上、A社は4月20日の時点で支払不能となっており、その前30日以内にされた根抵当権の設定が否認の対象となるとの主張をすることも考えられる。しかしながら、破産法の立案担当者は、支払不能とは、現時点で弁済期が

到来している債務の大部分について弁済することができないことと解しており、この見解によれば、4月20日時点では支払不能でなかったことになる。

b 救済融資に関する特則

CASE

　取引先であるB社は、資金繰りが逼迫しているが、6月中に1億円の融資を受けることができれば、資金繰りを安定させることができる見込みがあった。そこで、債権者は、B社に対して6月10日に1億円の融資を行い、同時に、B社から当該融資の貸付金債権のみを被担保債権とする抵当権の設定も受けた。しかしながら、結局、B社は6月末に資金繰破綻を起こし、9月に破産手続の開始を申し立てるに至った。

　上記CASEにおいて、仮にB社が6月末に支払不能に陥っていたとすると、債権者の認識次第ではあるものの、その前30日以内に設定された債権者の抵当権は、否認の対象となる可能性があるようにもみえる。

　しかしながら、上記CASEのように、新規融資と同時に、当該融資について設定された担保まで否認されると、ニューマネーが入れば再建可能な債務者まで、ニューマネーを得ることが困難となってしまう。そこで、否認の対象となる担保設定

は、「既存の債務」になされた担保に限定され（破産法162条1項柱書）、新規の融資と時間的に密接して、新規の融資と同時交換的に担保設定をした場合は、否認の対象とならないものとされている。ここでいう新規の融資には、既存債務の単なるリスケジュールは含まれない。また、新規融資の資金使途に制限はなく、既存債務の弁済目的でもよい（ただし、当該弁済自体が否認の対象となる可能性はある）。そこで、上記CASEの抵当権の設定も否認をされることはない。

　なお、仮に、ニューマネーの融資と同時に設定された担保が、当該融資に係る貸付金債権だけを被担保債権とする特定担保ではなく、根担保である場合には、「既存の債務」もあわせて担保されるので、根担保全体が否認の対象とされてしまう可能性がある。したがって、否認リスクの回避という観点からは特定担保で取得するのが確実である。

c　対抗要件否認

CASE

　債権者は、取引先であるC社から、その主要取引先であるS社への売掛債権について債権譲渡担保の設定を受けたが、その時点では対抗要件の具備はしなかった。その1年後からC社の業績が急激に悪化し始め、ついに手形交換所の取引停止処分を受けるに至ったので、債権者はC社に要

請して確定日付のある通知によって対抗要件を具備した。

　担保設定行為自体（原因行為）が、危機時期前に行われて偏
頗行為否認の対象とはならない場合でも、その対抗要件の具備
が、①支払の停止または倒産手続開始の申立て（支払の停止
等）の後、かつ、原因行為から15日経過後に（客観的要件）、②
債権者が支払の停止等を知って行われたときは（主観的要件）、
その対抗要件具備行為が否認される（破産法164条）。そうなる
と、その担保権は、破産管財人等に主張（対抗）をすることが
できず、倒産手続において別除権・更生担保権とはならないこ
ととなる。

　上記のCASEの対抗要件具備行為（債権譲渡通知）は、債権
譲渡担保の設定を受けて15日以上が経過し、かつC社が取引停
止処分を受けて支払の停止となり、また銀行がそれを知ってい
るなかで行われているため、対抗要件否認の対象となる。

　ところで、債権譲渡の第三者対抗要件の具備方法は、上記の
CASEのような譲渡人による第三債務者への債権譲渡の確定日
付ある通知のほか、第三債務者の確定日付ある承諾もある。し
かるところ、判例（最判昭和40年3月9日最高裁判所民事判例集
19巻2号352頁）は、否認の対象となるのは債務者の行為である
という理解から、第三者の確定日付ある承諾は債務者（譲渡
人）の行為ではないので、対抗要件否認の対象とはならないと
している。この判例によれば、本件では、C社が取引停止処分
となった後でも、S社からの確定日付ある承諾によって対抗要

件を具備していれば、対抗要件否認をされなかったこととなる。しかしながら、上記判例に疑問を呈する見解もあるので、これをもって万全と考えるべきではない。

債権者としては、担保設定行為後すぐに対抗要件を具備しない場合は（上記CASEの債権担保の事例のほか、不動産の登記留保なども含む）、あくまでも、支払の停止等の危険がない早期の段階で対抗要件を具備しておくことが重要である。

d 無償行為否認（他人のためにする保証・担保）

CASE

取引先D社は、業況が急激に悪化している。そこで、債権者は、6月1日、D社のオーナー社長であるT氏から、D社の債権者への債務について連帯保証とT氏自宅不動産への抵当権の設定を受けた。D社はその後も業況が改善せず、D社とT氏は11月1日に破産手続開始の申立てをするに至った。

債務者が行う財産減少行為のなかでも、無償行為やこれと同視しうる行為は、債権者を害する程度が著しい一方、受益者側も無償で利益を得ており要保護性が低い。そのため、無償の詐害行為（財産減少行為）は、支払の停止または倒産手続開始の申立て（支払の停止等）の後、またはその前6カ月以内にされたものであれば、すべて否認の対象とされる（破産法160条3

項）。これを無償行為否認という。

　上記CASEでは、Ｔ氏の保証・担保提供行為は、Ｔ氏の財産を減少させる行為である。Ｔ氏は、Ｄ社のオーナーであって、Ｄ社への保証・担保提供によって、間接的な経済的利益を受けている。ところが、現在の判例（最判昭和62年７月３日最高裁判所民事判例集41巻５号1068頁等）は、このような場合も、Ｔ氏が対価（保証料・担保料）を受け取っていない以上、「無償」の詐害行為（財産減少行為）であるとしている（逆にいえば、Ｄ社や銀行がＴ氏に相当額の保証料や担保料を支払えば「無償」ではなくなる）。

　そうすると、上記CASEでは、担保・保証の提供行為は、Ｔ氏の破産手続開始の申立ての前６カ月以内になされているので、Ｔ氏の破産管財人から無償行為否認を受けることとなる。

第 4 章

期限の利益の喪失

1 意　義

(1)　期限の利益

前章では、取引先の信用が悪化しているものの、まだ与信を継続できる場合に、担保を取得するなど保全強化を図る方策をみた。本章からは、さらに取引先の信用悪化が進んで、いよいよ債権の回収を図る場合の方策をみていく。その方策としては、借入人や保証人への弁済請求や、相殺、担保権の実行などがある。

ところが、債権の履行期限が到来していなければ、債務者は履行期限の到来まで弁済をしなくてよい立場にあるので、いずれの方策もとりえない。このように、債務者が期限まで弁済を猶予される利益を、債務者の「期限の利益」という。

(2)　期限の利益喪失

しかし、期限まで待ったのでは債務者が弁済をすることが期待できない場合にまで、債権者が期限まで回収をできないというのは不合理である。そこで、民法は、①債務者の破産手続開始決定、②債務者による担保物件の価値減少行為、③債務者による担保提供義務違反のいずれかがあった場合には、債権者が債務者に意思表示をすれば、債務者は期限の利益を主張できな

くなるとしている（民法137条）。だが、これだけでは不十分なため、通常の契約書には、債務者が期限の利益を喪失する場合についての定め（期限の利益喪失条項）が置かれている。

　期限の利益を喪失すれば、債務者は直ちに債務全額の弁済をしなければならず、債権者は相殺や担保権の実行等の強制的な回収手段を実行できる。また、期限の利益喪失の翌日から、約定利息にかわり、遅延損害金が発生する。他面、期限の利益喪失の翌日から当該債権全額の消滅時効が進行を開始する（民法166条1項）。

　なお、履行期限が到来済みの債権については、そもそも取引先に期限の利益がないので、期限の利益喪失は不要である。

2　期限の利益喪失の内容と判断

(1)　期限の利益喪失事項の種類・内容

　期限の利益喪失条項には、当然喪失と請求喪失がある。

　当然喪失は、一定の事由（当然喪失事由）が生じれば、債権者（銀行）の意思表示がなくても、当然に期限の利益が失われるというものである。注意を要するのは、一定の事由が生じれば、それを債権者が認識していなくても、期限の利益喪失の効力が生じ、債権についての消滅時効も進行を開始することである。

　請求喪失は、一定の事由（請求喪失事由）が生じただけでなく、債権者が債務者に対して期限の利益を喪失させる意思表示（請求）をしてはじめて、期限の利益が喪失されるというものである。

　期限の利益喪失条項として最も有名なのは、銀行取引約定書の条項である。銀行取引約定書では、一般的には次のような期限の利益喪失条項が置かれている。5条1項各号が当然喪失事由であり、5条2項各号が請求喪失事由である（図表4−1参照）。

　なお、銀行取引約定書の内容は銀行ごとに異なるので、これとは異なる期限の利益喪失条項が定められている場合もある。

図表4－1　銀行取引約定書例5条

銀行取引約定書例
第5条（期限の利益の喪失）

① 私について次の各号の事由が一つでも生じた場合には、銀行から通知催告等がなくても銀行に対するいっさいの債務について当然期限の利益を失い、直ちに債務を弁済します。

　1　支払の停止または破産手続開始、民事再生手続開始、会社更生手続開始もしくは特別清算開始の申立てがあったとき。

　2　手形交換所または電子債権記録機関の取引停止処分を受けたとき。

　3　私または保証人の預金その他の銀行に対する債権について仮差押え、保全差押えまたは差押えの命令、通知が発送されたとき。

　4　住所変更の届出を怠るなど私の責めに帰すべき事由によって、銀行に私の所在が不明となったとき。

② 次の各場合には、銀行の請求によって銀行に対するいっさいの債務の期限の利益を失い、直ちに債務を弁済します。

　1　私が債務の一部でも履行を遅滞したとき。

　2　担保の目的物について差押え、または競売手続の開始があったとき。

　3　私が銀行との取引約定に違反したとき。

　4　保証人が前項または本項の各号の一にでも該当したとき。

　5　前各号のほか債権保全を必要とする相当の事由が生じたとき。

また、銀行の与信取引であっても、銀行取引約定書が適用されない取引では、各取引約定において期限の利益喪失事由が置かれるが、その内容は銀行取引約定書とは大きく異なる場合がある。たとえば、銀行取引約定書では、通常、リレーションシップ・マネージメントが図られる法人取引が想定されているが、

延滞発生まで取引先と接触することが予定されていない個人向けの与信取引では、銀行が認識できないうちに当然喪失事由が生じ、債権管理に混乱をきたすことを防ぐため、当然喪失事由が取引先の延滞に限定されていることもある。見方を変えれば、与信の契約書において期限の利益喪失事由を定めるときには、与信の相手方との関係などの債権管理の実態にあわせて、当然喪失事由と請求喪失事由を定める必要があるということであり、よく考えずに何でも当然喪失事由としてしまうと、柔軟性を欠いて使いにくい条項となることもある。

　以下では、便宜上、前記の銀行取引約定書例の期限の利益喪失事由を念頭に記述を行うが、期限の利益喪失の判断をするにあたっては、契約書の期限の利益喪失事由の内容を確認する必要がある。

(2)　期限の利益喪失の実質的要件

　期限の利益喪失事由は、債務者が期限に弁済することを期待できない事由として定められたものといえる。通常、請求喪失事由として「債権保全を必要とする相当の事由」という包括的条項が定められているが（銀行取引約定書例5条2項5号）、これは債務者が期限に弁済することを期待できない事由を指す。

　個別の請求喪失事由についても、形式的にそれに該当する事由が生じても、実質的にみて弁済への期待が破壊されたといえない特殊事情があれば、期限の利益の喪失をすることができない。たとえば、債務の一部の延滞があれば、形式上は請求喪失

事由に該当するが（銀行取引約定書例5条2項1号）、延滞が経理事務上の過誤による場合は、弁済への期待が破壊されたとはいえないので、期限の利益の喪失をさせることはできない。

　また、当然喪失事由が生じた場合も、実質的に弁済への期待が破壊されたといえない特殊事情があれば、期限の利益の再付与（弁済期の合意）を検討すべきである。たとえば、債務者の預金債権等への仮差押えがあれば当然喪失事由に該当するが（銀行取引約定書例5条1項3号）、仮差押えが債権者と取引先にトラブルなど偶発的事情により発せられ、取引先の支払能力の問題とは関係がないと判明した場合には、期限の利益の再付与を検討することになる。

(3)　期限の利益喪失の判断

　ところで、期限の利益の喪失の判断（取引先が返済期限に貸金を返済できないことの見極め）は、与信開始時の判断（取引先が返済期限の貸金の返済をできることの見極め）の裏返しであり、与信判断にほかならない。その意味では、与信先の事情を肌身で知ることのできる現場の部署（銀行でいえば営業店）が、まずは与信判断として方針を主体的に定めるべきものである。

　もっとも、期限の利益喪失の判断は、限られた情報のなかで迅速に判断することが求められることが少なくないうえに、債権者にも債務者にも重大な影響をもたらすので、むずかしい判断となる場合も少なくない。そこで、判断に迷う場合には、上司や本部の部署と協議して判断を下すことが適切である。

ここで、期限の利益の請求喪失事由が生じている場合に、これを喪失させるか否かの判断において考慮すべき事項をあげれば、次のようなことになると思われる。

①期限の利益の喪失は、すでに債務の弁済が困難な状況にある債務者の資金繰りを完全に破綻させかねない。

②債務者が他の債権者との間で締結している借入契約や取引等に、いわゆるクロス・デフォルト条項があれば、あわせてこれら他の債権者の有する債権についても期限の利益が失われることになる可能性がある。

③債権者により強制的な債権回収措置がとられることが明白となることから、債務者は法的整理の申立て等を行うか、場合によっては資産の隠匿に走る可能性が生じるということを、念頭に置くことになる。

　そのため、期限の利益の喪失は、①期限の利益を喪失させることで、回収につながる仮差押え等の保全処分や有効な回収手段をとることが可能になる、②預金その他の相殺に供することが可能な債権の流失を阻止する必要があるといった、期限の利益喪失後にとるべき具体的な措置を念頭に置いて、判断されるべきものであろう。また、期限の利益の喪失事由が生じていることを示しつつ、債務者に任意の弁済や保全強化への協力を求めるのが、合理的な対応であることも多い（第1章1(3)参照）。換言するならば、期限の利益の喪失は、債権者にとっては、その後にとるべき有効な手段が用意されていないのであれば、必ずしも債権の回収可能性を向上させるものではないことに十分

に留意しなければならないし、期限の利益喪失事由が生じているからといって、必ずしも請求喪失をしなければならないものではなく、上記の事項から適切に総合判断するものである限り、あえて請求喪失を行わなかったからといって善管注意義務違反等の問題を生じるものでもない。

　なお、信用保証協会などの機関保証が付されている場合には、（銀行として判断に迷うような事案でなくても）期限の利益喪失事由が生じれば、保証会社等への報告をすることが義務づけられていることがあり、この報告を怠ると保証免責により保証履行を受けられない可能性があるので注意を要する。

　以下では、銀行取引約定書例の期限の利益喪失事由のなかでも、特に慎重な判断が求められる「支払の停止」と「債権保全を必要とする相当の事由」について解説を行う。

⑷　支払の停止（銀行取引約定書例5条1項1号）

a　支払の停止の意義

　支払の停止とは、取引先が、金銭債務の全部または大部分を支払うことができなくなり、その状態が容易に解消されない状態にあること（一時的な資金不足ではない）を、口頭や行動で明示または黙示に表明すること（単なる債権者の予測ではない）をいう。たとえば、取引者の本店や営業所のシャッターが締め切られ、「業況の悪化に伴い、営業を停止しました」との張り紙がある場合などは、支払の停止に該当する。

支払の停止には、期限の利益喪失事由となる以外にも、いくつかの重要な法的な意味がある。たとえば、銀行が取引先の支払の停止または法的整理手続の申立てを認識した以降に入金された預金は、その後、取引先が法的整理の開始決定を受けた場合には相殺することを禁止される（破産法71条等）。そのような預金は、仮に、法的整理の開始決定前の相殺をしていても、開始決定後はさかのぼってその効力が失われる。

b　支払の停止の判断

このように、支払の停止は、期限の利益の当然喪失事由となるだけでなく、法的整理に入る場合の相殺などに関しても重要な意味をもつ。したがって、支払の停止と思われる事態を認識した場合は、その日時（時間・分も必要である）も含め、詳細に証跡を残すことが必要である。

また、支払の停止と認定するには、第三者にも納得してもらえる確固たる証跡が必要である。もちろん、実務の現場では、倒産の懸念は高まっているが、支払の停止と断定までできるか判断に迷う場合もある。そういう場合には、後で支払の停止はなかったとされる可能性に備え、「債権保全を必要とする相当の事由」などを理由とする請求喪失を検討することになる。

CASE

住宅ローンの貸出先であって給与所得者であるAについて、B弁護士から「当職は、Aから委任を受けた弁護士で

す。Aは、債務整理手続に入ることを予定しております。つきましては、今後、Aに対する支払催促や連絡をやめるとともに、契約当初から現在に至るまでの取引履歴をすべて提出してください」との通知が届いた。

　弁護士や司法書士から、取引先について、債務整理受任通知が送付されることがある。債務整理受任通知には、通常、①債務整理を準備している旨の通知、②取引先の債務の内容の開示の要請、③今後の交渉は取引先でなく弁護士等と行うことの要請といった内容が記載されている。

　①債務整理の内容について、たとえば、「債務の弁済が困難であり、近日中に破産手続開始の申立てをする予定です」と記載されていれば、「支払の停止」に当たると判断できる。また、設例のように、債務の支払の猶予や減免等についての事務である債務整理手続を弁護士等に委任したことが記載されているだけでも、少なくとも債務者が単なる給与所得者であり広く事業を営む者ではない場合には、原則として「支払の停止」に当たると解される（最判平成24年10月19日最高裁判所裁判集民事241号199頁）。もっとも、資力回復の合理的な見込みを伴うという事情がある場合や、単なる一時的なリスケジュールであることが明らかである場合には、取引先が債務の大部分を継続的に支払えない状態にあるとは限らないから、それだけでは直ちに「支払の停止」があるとまではいえない。このように、「支払の停止」とまでは判断できない場合は、請求喪失事由に該当

しないか、請求喪失を実行する必要がないかを検討することとなる。

　期限の利益喪失とは離れるが、②取引先の債務の内容の開示の要請への対応の留意点について触れることとする。債権者が金融機関である場合、債権者は取引先に対して守秘義務を負っている。万一、債務整理受任通知を送付した人物が、弁護士や司法書士のなりすましなどで、取引先から委任を受けていないのに、その人物に取引先の債務の内容を開示すると、守秘義務違反に問われる可能性がある。そこで、弁護士や司法書士が取引先から委任を受けていることを確認したうえで、取引先の債務の内容の開示を行うのが適切である。委任関係の確認方法は、通常、委任状の写しの送付を受ける方法によるが、送付者が取引先の取引約定書を有しているなど、委任関係の存在が推認できる事情があれば、委任状の写しの確認に拘泥する必要はない。

　なお、貸金業法は、貸金業者に対し、債務整理受任通知が届き、一定の要件を満たしたときは、取引先に直接債務の弁済を要求することを禁止している（貸金業法21条１項９号）。上記の今後の交渉は取引先でなく弁護士等と行うことの要請は、この規定を根拠とするものである。もっとも、この規定は単なる委任関係の確認までも禁止するものでなく、そもそも銀行や事業会社は貸金業者ではないからこの規定は適用されない。しかし、債務整理受任通知が届いた後で、弁護士や司法書士に断りなく、取引先に連絡をとると、無用なトラブルを招く可能性が

あるので留意が必要である。

(5) 債権保全を必要とする相当の事由（銀行取引約定書5条2項5号）

「債権保全を必要とする相当の事由」という期限の利益喪失事由は、他の具体的な期限の利益喪失事由には該当しないが、それに匹敵する重大な事象が生じ、債務者が期限に弁済をすることを期待できない場合に適用されるものである。この条項の適用が問題となる典型例としては、債務者における、粉飾決算の発覚、取引先の倒産、信用状況を大きく悪化させるような会社の組織再編行為や資産売却などがある。

期限の利益喪失は取引先に重大な影響を及ぼすので、期限の利益喪失の判断もそれに見合う慎重さが求められ、「債務者が期限に弁済をすることが期待できない」ことが、主観や憶測でなく客観的な根拠に基づき、しかも相当の確実性をもっていえる必要がある。言い換えれば、だれに対しても「債務者が期限に弁済をすることを期待できない」と確実に説得できるだけの材料が必要であるということである。期限の利益喪失の判断は、短期間での判断が求められることも少なくない。その場合、可能な限りの情報収集を尽くして証拠を集めるとともに、取引先とのやりとりなども詳細に証跡に残すことが重要となる。

また、請求喪失一般にいえることであるが、前述のとおり、請求喪失事由に形式的に該当し法的には期限の利益喪失をする

ことが可能であるとしても、期限の利益喪失をすることが得策・必要とは限らないから、ひとまずは事業を継続させたほうが、全体としての回収見込みが高まる場合には、期限の利益喪失を行わないと判断することも考えられる。

(6) 期限の利益の再付与

期限の利益の再付与とは、期限の利益喪失後または期限の徒過後に、債務者が返済を継続できると判断し、再度、返済の期限を設定し直すことである（なお、再付与とは呼んでいるが、性質としては、債権者と債務者との合意である）。

債務者の預金債権等への差押えがあれば、当然喪失事由に該当するが（銀行取引約定書例5条1項3号）、差押えが、取引先と第三者とのトラブルなどを起因して偶発的な事情で発せられた場合には、取引先の弁済能力に懸念が生じているわけでないから、期限の利益の再付与を検討することになる。また、預金債権等への差押えが取り消されたときなど、当然喪失事由が後で消滅した場合も、当然に期限の利益が復活するわけではなく、期限の利益を復活させるには、期限の利益の再付与をする必要がある。

ところで、しばしば、債権者は、債務者と話し合いのうえ、事実上、分割弁済を許容することがあるが、「事実上の許容」は期限の利益の再付与ではない。期限の利益の再付与を行うか行わないかは、債務者に明確に伝えることが必要であり、この点をあいまいにすると、債権者としては期限の利益の再付与を

したつもりがなくても、債務者において期限の利益の再付与を受けたと誤解し、無用な紛争が生じる懸念がある。

中小企業の事業再生等に関するガイドライン

　令和4年に公表された中小企業の事業再生等に関するガイドラインは、中小企業者の「平時」や「有事」の各段階において、中小企業者・金融機関それぞれが果たすべき役割を明確化し、事業再生等に関する基本的な考え方を示すとともに、より迅速に中小企業者が事業再生等に取り組めるよう、新たな準則型私的整理手続である「中小企業の事業再生等のための私的整理手続」を定めたものである。

　中小企業者は、再生型私的整理手続において元本返済の一時停止の要請を行うことができるとされているところ、債権者が一時停止の要請に応諾して再生型私的整理手続を進めることにより、合理的で実現可能性のある事業再生計画案が策定され、それが成立し実行されることにより、中小企業者の窮境の解消が図られる蓋然性があることから、かかる一時停止の要請は、原則的には倒産法上の支払停止や銀行取引約定書における期限の利益の喪失事由には該当しないと考えられている。そのため、債権者は、中小企業者が一時停止の要請を行ったことだけを理由に安易に取引口座等の停止をしないように留意する必要がある。

ただし、債権者との間の従前の取引関係や、中小企業者が作成した再生の基本方針に合理性あるいは実現可能性が到底認められない場合には、一般的かつ継続的に債務の支払をすることができない旨を表示したものとみる余地もあり、このような場合には支払停止に該当する可能性もあることから、債権者としては中小企業者に丁寧な説明を求めることが考えられる。

3 期限の利益喪失の意思表示

(1) 意思表示の方式

　請求喪失の場合、期限の利益を喪失させるには、期限の利益を喪失させる旨の意思表示をすることが必要である（時に「なんらの通知催告を要しないで期限の利益を失わせることができる」という契約書の文言が用いられていることがあるが、当然喪失でない限り、意思表示としての通知は必要であると解される）。この意思表示は、口頭で行っても効力が生じる。だが、実務上は、後日の立証の観点から、期限の利益喪失の意思表示と債務の償還の催告を内容とする文書（償還請求書）を配達証明付内容証明郵便で送付するのが通常である。仮に、緊急性等からやむをえず、通知書を手交したり、口頭で意思表示したりする場合であっても、通知書を2通作成して1通に取引先自身から受領文言の記載や受領印を受け、当日中に公証役場において確定日付を受けたり、意思表示に複数の者で立ち会い、その状況を詳細に記録したうえ、後日書面を追送したりするなど、証跡の確保に万全を期する。

　なお、当然喪失の場合には、このような意思表示をしなくても、期限の利益喪失の効力は生じるが、実務上は、期限の利益が喪失されたことを明らかにし、債務の償還を催告する文書

（償還請求書）を、配達証明付内容証明郵便等で送付することが少なくない。このような償還請求書が、信用保証協会などへの代位弁済請求時の提出資料や、仮差押え等の申立ての疎明資料などになる可能性があるからである。

(2) 意思表示の到達

意思表示は、相手方に到達してはじめて効力を発生する（民法97条1項）。これは期限の利益の請求喪失の意思表示にも当てはまる。そこで、この到達に関連する問題をみていくこととする。

a 取引先が所在不明の場合

まず、取引先が所在不明の場合について考える。銀行取引約定書例5条1項4号のように、「住所変更の届出を怠るなど私の責めに帰すべき事由によって、銀行に私の所在が不明となったとき」が当然喪失事由となっていることが少なくない。そうすると、取引先が所在不明である場合、期限の利益の請求喪失をするまでもなく、当然に期限の利益が喪失されているようにみえる。しかしながら、銀行取引約定書例5条1項4号のような期限の利益喪失事由は、一般に、単なる所在不明では足りず、銀行からの通知を免れ協力要請を拒むため行方をくらます場合など背信的事情がある場合に限定されると解する立場もある。だが、背信的事情があると銀行が断定することは容易でないため、実務上は、所在不明であっても銀行取引約定書例5条

1項4号が適用されるとは考えず、所在不明の態様その他の事情も総合し、銀行取引約定書例5条2項5号の「債権保全を必要とする相当の事由」があるといえると判断できるときに、期限の利益の請求喪失を行うのが適当である。

　もっとも、取引先が所在不明である場合には、期限の利益の請求喪失の意思表示を到達させることができない。そこで、法律は、意思表示の相手方の所在が不明な場合に、意思表示が相手方に到達しなくても、意思表示を有効と扱う制度として、公示による意思表示という手続を用意している（民法98条）。しかしながら、公示による意思表示は所在不明の証明や手続において労力を要し、また意思表示の効力も市区町村役場の掲示場での掲示等を行って2週間を経過してからしか生じない。そこで、銀行取引約定書には、通常、次のような条項が置かれている（図表4−2参照）。

　この銀行取引約定書例11条2項は、一般に「みなし到達規定」と呼ばれている。みなし到達規定は、銀行取引約定書例5条1項4号と異なり、住所変更の届出を怠るなどの事情があれ

図表4−2　銀行取引約定書例11条

第11条（届出事項の変更）
① 印章、名称、商号、代表者、住所その他届出事項に変更があったときは、直ちに書面によって届出をします。
② 前項の届出を怠るなど私の責めに帰すべき事由により、貴行からなされた通知又は送付された書類等が延着し又は到達しなかった場合には、通常到達すべき時に到達したものとします。

ば、取引先に背信的事情までなくても適用される。なお、取引先が法人の場合についても、代表者および事業所・営業所が所在不明であれば、みなし到達規定を適用してよいと思われる。

そこで、銀行が把握している取引先の住所に通知を発送すれば、その通知が通常到達すべきときに期限の利益の請求喪失の効力が生じる。また、どうせ所在不明であるからといって通知・書類等の発送を省略すると、みなし到達規定は適用されないから、一応発送が必要であることに注意を要する。

b　配達証明付内容証明郵便の返戻

次に、債権者が債務者の所在を把握していて、そこに配達証明付内容証明郵便によって送付した場合について検討する。この場合、配達されて配達証明書が送付されてくれば、特に問題はない（配達証明書は保管が必要である）。問題は配達がなされない場合である。この場合、配達されなかった原因が記載された付箋を付されたうえで封筒が返戻される。

原因の1つ目は受領拒絶である。この場合は、相手方の支配領域に入っている以上、到達があったとみることができ、時効完成の阻止のための催告の効果も認められる。受領拒絶の付箋がついて戻ってきた封筒を、証拠としてそのまま保管する。なお、相手方とのトラブルの解決・回避の観点から対応の要否は、別途検討する必要がある。

原因の2つ目は転居先不明や宛て所に尋ねあたらずである。この場合は、実地調査や住民票取得などにより、真の住所地・

所在地の調査を実施する。その結果、転出・転居先など真の住所地・所在地が判明すれば、そこにあらためて意思表示を行う。調査によっても転出・転居先などが判明しない場合には、取引先は所在不明であると認定できるため、みなし到達規定によって最初の通知が通常到達すべき時に期限の利益が喪失されたと扱う（返戻された内容証明郵便は証拠としてそのまま保管する）。

　原因の3つ目は留置期間満了による返戻である。日本郵便は、内容証明郵便等については、相手方が不在の場合、7日以内に郵便局に受領に来ることを求める内容の不在通知書を投函し、7日以内に受領に来ない場合に、差出人に返戻する。判例のなかには、このような留置期間満了による返戻の場合に、留置期間満了時に到達があったと認めたものもある。しかし、この判例（最判平成10年6月11日最高裁判所民事判例集52巻4号1034頁）は、相手方がこの不在通知書の存在を認識したうえ、内容証明郵便の内容を推知でき、さしたる労力・困難もなく受領することが可能であったという事案についての判断であり、一般化できるとは限らない。そこで、不在による返戻の場合には、到達をしていないとみてあらためて意思表示を行う。それでも、到達が確認できないときは先方の住所地を往訪して調査を行う。あらためての意思表示については、配達証明付内容証明郵便で発送するのと同時に、普通郵便で送付することも考えられる（普通郵便は不在でも郵便受けに投函されるので、郵便受けをみた相手からの反応を待つ）。

取引先の所在不明が問題となるその他の場面

1　所在不明の取引先との間で相殺を行う場合

　所在不明の与信取引先に預金がある場合、取引先に期限の利益がなく預金拘束が可能ならば、転付債権者からの逆相殺を除き預金流失の懸念はない。したがって、取引先の所在が判明するのを待って相殺の意思表示を行えばよく、わざわざ労力と費用をかけて公示による意思表示をする必要はない。預金に差押えや差押転付命令があれば、差押債権者や転付債権者に相殺の意思表示をすればよい。この転付債権者への意思表示を迅速に行えば、転付債権者からの逆相殺も防止できる。

　なお、みなし到達規定による相殺の意思表示をしても、差押債権者・転付債権者などの第三者には相殺の効力を主張できないとの見解がある。この見解によれば、みなし到達規定による相殺の意思表示をしても、差押債権者・転付債権者には別途相殺の意思表示をする必要があるのであり、みなし到達規定による相殺の意思表示をする意味は乏しい。

2　時効の完成猶予

　所在不明の取引先について貸金債権の時効完成が2週間後に迫っており、時効の完成を妨げる必要があるとする（時効の完成猶予）。主な時効の完成猶予事由として、①裁

判上の請求等（裁判上の請求、支払督促、訴え提起前の和解・調停、破産手続参加・再生手続参加・更生手続参加）、②強制執行等（強制執行、担保権の実行、担保権の実行としての競売、財産開示手続・第三者からの情報取得手続）、③仮差押え・仮処分、④催告がある（民法147条以下）。①については確定判決等により権利が確定した時から、②については強制執行等の事由が終了した時から、新たに時効の進行が開始することになる（時効の更新）。これに対し、③④については、時効の完成を6カ月間猶予する効果しかなく、その6カ月間に他の時効の完成猶予事由の手続をとらないと、時効が完成してしまうことになるため、担保を取得していない場合には訴訟提起を行うことが適切である。

3　第三者による弁済

　銀行は、Aに100の融資を行い、Aの子であるB・Cが債務を50ずつ相続した。このうちCは所在不明である。Bは、自らの相続債務だけでなく、Cの相続債務も弁済すると申し出た。Bは、当該債務の保証人でも物上保証人でもない。

　法律上、保証人や物上保証人でなく、弁済をするについて正当な利益を有する者でない第三者による弁済は、債務者（取引先）の意思に反しない限り有効となる（民法474条2項）。なお、債務者の意思に反する場合でも、そのことを債権者が知らなかったときは、当該弁済は有効となる。

　上記事例の場合、債務者Cは所在不明であるため、Cの

意思に反することが明らかである場合を除いて、Cの相続債務についてBから第三者弁済を受けることが考えられる。

第 5 章

担保からの回収

1 はじめに

　債権の保全として、債務者ないし第三者の資産に担保権の設定を受けている場合、債権者は他の債権者に優先して、当該担保物件（の処分価値）から自己の債権を回収することができる。その意味では、担保物件以外の債務者の財産（いわゆる一般財産）に対するのとは異なり、他の債権者に先がけて債権回収（保全）を図るべく、急いでなんらかのアクションをとらなければならないというわけでは必ずしもない。

　しかし、だからといって、債務者の倒産兆候がみられたときに、担保物件については何もしなくてよいというわけでは決してない。債権の総額につき担保物件から十分に回収できるというのであればともかく、債権総額に比して担保物件による保全額が不足するという場合には、当然のことながら、当該不足分について債権回収（保全）のための手段を講じなければならない。そのため、すでに述べたとおり、担保物件による債権保全状況を早急に確認することが、その後の債権回収（保全）に向けた行動を決定するために重要となる。

2 不動産担保からの回収

(1) 回収に向けての準備

　具体的に何をすべきかについては、担保物件の種類や担保権の種類に応じてさまざまありうるが、基本的な事柄としては、①契約書類をあらためて精査し、担保権設定契約の有効性等に疑義がないか確認すること、②当該担保権につき、対抗要件が具備されているかをあらためて確認すること、③担保物件の現況を把握し、担保価値に大きな変動が生じていないかを確認することなどが考えられる。これらの確認の概略はすでに述べたところであるが（第2章2）、ここでは担保不動産の現況の把握に関して若干の補足をする。

　担保不動産は、契約締結時からの時間の経過により、当該不動産をめぐる権利関係や、その具体的状況が大きく変わっていることも多く、かかる変化が、将来の担保権実行上の障害となり、ひいては当該担保不動産の担保価値を減殺することもままある。そのため、債権者としては、契約書等を確認するのみならず、担保不動産そのものの現況を早急に確認する必要がある。

a 登記の確認

　債権者が不動産に担保権の設定を受け登記を経由した後も、当該担保不動産を所有する債務者（または物上保証人）が、当該担保不動産を売却したり、他の債権者のために新たに担保権を設定することは可能である。したがって、債権者としては、担保不動産の登記情報を、インターネット上の「登記情報提供サービス」の利用等によって確認し、担保不動産をめぐる権利関係に変化が生じていないか、確認する必要がある。

　仮に、担保不動産につき、第三者への所有権移転登記がなされていた場合は、後述する担保権実行手続において、当該第三者を当事者として裁判所への申立て等を行わなければならないし、同じく後述する任意売却についても、当該第三者から売却への同意を得る必要がある。また、担保不動産の所有権が第三者に移転していた場合、当該第三者は、抵当権消滅請求（民法379条）をすることができる。債権者がこの抵当権消滅請求の通知を受け、万一これを放置したときは、債権者は、低廉な金額の弁済を受けるのみでその担保権を失うおそれがあるため、そのようなことがないよう特に注意しなければならない。

　また、担保不動産につき、他の債権者のために新たに担保権が設定され、登記が経由されている可能性もある。先順位担保権を有する債権者は、かかる後順位担保権者に優先して、当該担保不動産から自己の債権回収を図ることができるが、任意売却の場合、後述するとおり、後順位担保権者の同意を得るため

に、いわゆる「ハンコ代」を支払うことが、実務上の慣行となっている。

さらに、担保権設定登記後に、他の債権者から担保不動産に対する差押えが行われている可能性もある。先に担保権を取得した債権者は、登記に後れる差押債権者に対しては、後順位担保権者に対するのと同様、債権回収において優先するのが原則であるが、当該差押えが租税に係る滞納処分による差押えである場合は、延滞している租税の法定納期限が担保権設定登記時よりも前であれば、差押えが登記に後れて行われたとしても、租税債権の回収が優先することになる（国税徴収法16条、地方税法14条の10）ため、特に注意が必要である。

b　現地調査

登記の確認のみならず、担保不動産の所在地に赴き、その現状を確認することも必須である。

たとえば、建物に担保権の設定を受けている場合、債務者の信用不安時にはすでに当該建物が現存していなかったということがありうる。この場合、当該建物上の担保権は、目的物の滅失により当然に消滅する。そのため、当該建物のみを担保取得していた場合は、担保不動産が失われることになるし、敷地もあわせて担保取得していた場合は、当該敷地を更地と考え、あらためてその担保価値を評価しなければならず、いずれにせよ、債権保全の状況は、従前の想定とは変わってくることになろう。

建物を第三者が占有している場合もある。この点、当該第三者が、建物所有者から当該建物を有効に賃借していたとしても、それが当該建物の担保権設定登記よりも後に行われたものであれば、当該第三者はその賃借権を担保権者に対抗することができず、後に担保権が実行された場合は、競売手続における買受人の買受けの時から6カ月間の明渡猶予期間の経過後、当該建物を明け渡さなければならない（民法395条）。もっとも、賃借人とは名ばかりで、実態は執行妨害目的を有する第三者が建物を占有している場合（反社会的勢力による占有等）には、後の競売手続において買受希望者が現れにくくなり、売却価額が大幅に減少してしまうおそれがある。このような場合、担保権者たる債権者としては、売却のための保全処分（民事執行法188条、55条）を申し立て、当該第三者を建物から退去させること等を検討する必要がある。

　土地（更地）に担保権の設定を受けていた場合に、その後当該土地上に、担保権者たる債権者に無断で建物が築造されていた、ということもありうる。土地の担保権設定登記の後に当該土地上に建物が建築された場合、当該建物の所有権者は担保権者に対抗することはできず、後に担保権が実行されれば、当該建物は収去せざるをえないが、建物の収去請求の実際的負担は買受人が負うことになるため、当該建物の存在は売却価額の減価要因とならざるをえない。これを避けるために、土地の担保権者たる債権者は、当該担保土地上の建物も、当該担保土地と一括して競売に付すことができる（民法389条）。また、執行妨

害目的により担保土地上に建物が築造された場合（反社会的勢力がプレハブ小屋を建ててこれを占有している場合等）は、一括競売によっても買受希望者が現れにくくなることが考えられるが、このような場合は、担保土地の競売のみを申し立てるとともに、売却のための保全処分により、あらかじめ建物を収去させることもできる。

基本用語解説

売却のための保全処分

　売却のための保全処分とは、不動産の競売手続において、債務者または不動産の占有者が当該不動産の価格を減少させ、または減少させるおそれのある行為をするときに、これを防止するために、差押債権者の申立てにより執行裁判所が行う処分のことをいう（民事執行法188条、55条）。

　売却のための保全処分には、①作為・不作為命令（債務者等に対し、目的不動産の価格減少行為の禁止を命じたり、一定の行為をすることを命じること。民事執行法55条１項１号）、②執行官保管命令（目的不動産の占有者の占有を解いて、執行官にその保管を命じること。同項２号）、③占有移転禁止の保全処分（目的不動産の占有者に対し、占有の移転の禁止を命じること。これにより当事者恒定効が生じ、たとえその後占有が移転されても、後の占有者に対する目的不動産の引渡し

の強制執行が可能となる。同項3号）がある。

　なお、上記保全処分の発令にあたっては、原則として、処分の相手方をその氏名等をもって特定しなければならないが、調査によっても目的不動産の占有者が何者か不明である場合や、占有者を次々と入れ替える方法による執行妨害が行われる場合には、上記特定は困難である。そこで、平成15年の民事執行法改正により、「相手方を特定することを困難とする特別の事情」があるときは、相手方を特定しないで、執行官保管命令または占有移転禁止の保全処分を発することができることとされた（民事執行法188条、55条の2）。

（2）　担保権の実行手続

　上記の確認作業により、担保不動産の現在価値を把握できたとしても、当該担保価値の実現（当該担保不動産からの債権回収）のためには、原則として、担保権の実行という法的手続をとる必要があり、迅速かつ適切な債権回収を行うためには、これらの手続の基本を理解しておくことが不可欠である。

a　競　　　売

　担保権（抵当権）の実行方法としては、多くの場合において、競売が選択される。競売手続の流れを時系列に沿って説明すると、図表5-1のとおりとなる。

図表5-1　競売手続の流れ

①申立て	抵当権者は、まず、担保不動産の所在地を管轄する地方裁判所に競売の申立てを行う（民事執行法188条、44条）。 　申立書には、担保権の存在を証明する文書（民事執行法181条1項）を添付することとされており、通常の場合、登記事項証明書（同項3号）を添付する。
②競売開始決定および差押え	裁判所は申立書を審査し、申立てを適法と認めると、競売開始決定を行い、担保不動産を差し押える旨を宣言する（民事執行法188条、45条1項）。これを受けて、裁判所書記官は直ちに、当該競売開始決定に係る差押えの登記の嘱託をし（民事執行法48条1項）、登記完了後に、決定正本を担保不動産の所有者（債務者または物上保証人）に送達する（民事執行法45条2項）。 　差押えにより、担保不動産の所有者は、当該不動産に関するいっさいの処分行為が禁止される。
③配当要求の終期の決定および債権届出の催告	裁判所書記官は、差押えの効力が生じると、配当要求（差押登記後に登記された仮差押債権者等、一定の資格を有する者が、担保不動産の処分代金から配当を受けることを要求すること）の終期を定め（民事執行法188条、49条1項）、これを公告する（同条2項）。 　また、裁判所書記官は、差押登記前に登記された他の抵当権者等の利害関係人および公租公課庁に対して、債権の存否、原因および額を届け出るよう催告する（同項）。
④現況調査命令および評価命令	裁判所は、執行官に対し、担保不動産の形状、占有関係その他の現況について調査を命じ（民事執行法188条、57条1項）、現況調査報告書を作成させるとともに、評価人（不動産鑑定士）に対し、担保不動産の評価を命じ（民事執行法58条1項）、評価書を作成させる。
⑤売却基準価額の決定および物件明細書の作成	裁判所は、現況調査報告書および評価書をもとに、売却基準価額（競売物件の買受申出額は、この80％以上でなければならない）を決定する（民事執行法188条、60条1・3項）。 　また、裁判所書記官は、買受希望者に対し競売物件の

	権利関係に影響を及ぼすような重大な情報を提供することを目的として、物件明細書を作成する（民事執行法62条1項）。
⑥売却の実施および売却許可決定	売却基準価額が決定され、物件明細書が作成されると、売却実施の手続に移る。売却は、通常の場合、入札期間を定め当該期間内に入札を行う期間入札の方法による。 　裁判所書記官は、入札期間等の公告をし（民事執行法188条、64条5項）、また、現況調査報告書、評価書および物件明細書の写しを裁判所に備え置いて、競売物件の買受希望者の閲覧に供する（民事執行法62条2項、民事施行規則173条1項、31条、36条）。そして、開札期日において、最高価格で買受けを申し出た者が決定し（同規則49条、42条）、裁判所は、この者が売却不許可事由（民事執行法71条）に該当しない限り、売却決定期日に売却許可決定をする（民事執行法69条）。
⑦代金の納付	売却許可決定の確定後、買受人は、代金納付期限までに代金を納付し、競売物件について権利を取得する（民事執行法188条、78条、79条）。
⑧配当の実施	代金が納付されると、裁判所はこれを財源として、抵当権者等に対する配当を実施する（民事執行法188条、84条）。

　なお、図表5－1の①から⑧までに、平均的には9カ月程度の期間を要する。

　○　**基本用語解説**

一括競売

　一括競売とは、土地の抵当権者が抵当権を実行する際に、当該土地上に存在する建物に抵当権が設定されていな

くても、土地と建物（その所有者が土地所有者と同一である
か否かを問わない）を一括して競売に付することを認めた
制度である（民法389条）。

　一括競売が認められるための要件は、①抵当権設定当
時、土地上に建物が存在しないこと、②建物の所有者が、
土地の占有につき、抵当権者に対抗することができる権利
を有しないこと、である。

　なお、抵当権者は、土地および建物の売却代金のうち、
土地の売却代金相当額のみから配当を受けることになり、
建物の売却代金相当額については、建物の所有者（当該建
物上に担保権を有する者がいれば、その者）に交付される。

b　物上代位による賃料差押え

　担保不動産が収益物件である場合に、競売の申立てから最終
的な売却に至るまでの間、当該不動産の収益（賃料）から担保
権者が債権回収を図る方法として、物上代位による賃料差押え
がある。すなわち、抵当権の効力は、目的不動産から生み出さ
れる果実にも及ぶ（民法371条）ところ、目的不動産の賃料もこ
の果実に当たると解されている（最判平成元年10月27日最高裁判
所民事判例集43巻9号1070頁）ため、抵当権者は、目的不動産の
賃料からも、自己の債権についての優先回収を得ることができ
るのである。

　物上代位による賃料差押えの手続は、抵当権者において不動

産の賃借人を特定し、抵当不動産の所有者を債務者、賃借人を第三債務者として、前者の後者に対する賃料債権について、債権差押命令の申立てを行うことによる（民事執行法193条1項）。申立てを受けた執行裁判所は、債権差押命令を発し、その決定正本は、債務者（所有者）および第三債務者（賃借人）に送達され、債務者（所有者）に送達された日から1週間を経過した後は、抵当権者は第三債務者（賃借人）から差押えに係る賃料を直接取り立てることができる（同条2項、民事執行法145条3項、155条1項）。

　なお、物上代位による賃料差押えは、競売の申立てをせずに申し立てることもできるので、不動産市況等により直ちに競売を申し立てることが適当でない場合には、まずはこの方法による回収を先行させることも考えられる。

c　担保不動産収益執行

　いわゆるバブル崩壊後、競売市場が停滞するなか、大規模テナントビル等の収益物件につき、競売による売却代金ではなく、当該担保不動産の賃料から抵当権者が債権を回収することを可能ならしめる必要性が高まり、平成15年の民事執行法の改正により、担保不動産収益執行制度が創設された（民事執行法180条2号）。

　この制度は、抵当権者の申立てにより、執行裁判所が担保不動産収益執行の開始決定をして目的不動産を差し押え、管理人を選任して、当該不動産の管理および収益（賃料）の収受を行

わせ、当該収益中から随時抵当権者等に対する配当を行わせる、というものである（民事執行法188条、93条1項、94条1項、107条）。

　担保不動産の賃料から債権回収を図る手段としては、前項記載の物上代位に基づく賃料差押えもあるが、担保不動産収益執行については、①第三債務者となる賃借人を特定できていないときにも申立てが可能、②賃借人の入れ替わりが頻繁な場合でも、管理人が新たに賃貸借契約を締結して新賃借人から賃料を収受することが可能、③管理人が担保不動産を占有して管理することから、物件の荒廃を避けられるほか、不法占有等による執行妨害を排除することも可能、といったメリットがある。その一方で、物件の維持管理費や管理人報酬、公租公課等、相当程度のコストがかかる（これは収益から控除される）ことから、一般的にいえば、担保不動産収益執行は、小規模物件に対する担保権実行の方法としては不向きであると考えられる。

(3) 任意売却

a 意　　義

　担保不動産の任意売却とは、担保権者が、競売等の法的手続によらず、担保不動産の所有者にこれを任意に売却させ、その代金から債権を回収して担保権を解除することをいう。

　競売等の法的手続と比較した場合の任意売却のメリットとしては、以下が考えられる。

(a) より高額での売却が可能

　競売の場合、執行裁判所が決定する売却基準価額を基準として担保不動産の売却が行われるところ、時価よりも相当程度低額の売却になることが一般的である。これは、競売物件には不測のリスクがあると思われるために一般の入札者は少ないか、入札するとしてもリスクに応じた低価格となることや、結果として、買受人には不動産業者（プロ）が多くなり、エンドユーザーへの販売価格よりも安く物件を取得する前提で入札を行うこと等が影響しているものと考えられる。

　一方、任意売却の場合、競売手続によるような特殊事情がなく、購入者が実際に物件の下見等を十分に行うことができ、不測のリスクが比較的少ないことから、換価価値がおおむね確保されるため、売却は時価で行われ、一般的には、競売によるよりも高額での売却が可能となる。

(b) より迅速な売却が可能

　競売の場合、申立てから配当に至るまで、平均的には９カ月程度の期間を要する。

　一方、任意売却の場合、競売のように決まった手続があるわけでもないため、関係者全員の合意さえ得られれば、比較的短期間のうちに債権を回収することが可能である。もっとも、事業会社において例外的に担保不動産の処分が発生する場合は別として、銀行であれば、日常的に反復継続して担保不動産の処分の案件が生じると思われるから、自らその処分に関する活動をすることは、宅地建物取引業に該当する危険があり、宅地建

物取引業法に基づく免許を受けた不動産会社等に売却を依頼する必要がある。

(c) 担保不動産の所有者の納得を得て行われる

競売は、担保不動産の所有者（債務者または物上保証人）の意思に基づかず、担保権者が強制的に担保不動産を換価して自己の債権を回収する手段である。もちろんこれは、法律上認められた正当な債権回収手段ではあるのだが、担保不動産の所有者にとっては、（当該不動産が住居である場合等）いささか酷な状況にもなりかねず、後に禍根を残すことも考えられる。

任意売却であれば、担保不動産の所有者は、一応の納得のもと、（しばしば引っ越し費用等の当座の資金を確保したうえで）自ら当該不動産を処分することができるのであって、所有者側にとっても、任意売却のほうが望ましいものといえる。

以上のとおり、任意売却は、競売等の法的手続に比して、担保権者、担保不動産の所有者、双方にとってメリットが大きいのであって、不動産を担保にとっている債権者が、当該不動産からの債権回収を考えるにあたっては、何よりもまず任意売却の可能性を探り、可能な限り任意売却を実現させるよう努力すべきである。

b 任意売却検討時の留意点

(a) 売却価額の妥当性の検証

任意売却の場合、売却基準価額が設定される競売と異なり、

関係者が合意さえすれば、いくらであっても売却できることにはなるが、債権回収の極大化や、後述する後順位担保権者等の同意の取得のためには、売却価額は、時価相当額またはこれに準じる妥当な水準でなければならない。

とりわけ銀行においては、担保不動産の担保価値について、定期的に評価を行っているのが一般的と思われるため、売却価額の妥当性検証にあたっては、まずは当該担保評価額との整合性をみるべきであるが、評価時点や評価方法によっては評価額もさまざまであるため、諸般の事情を考慮して総合的に判断することが求められよう。

⒝　後順位担保権者等との配分に係る協議

担保不動産に後順位担保権者等がいる場合、当該不動産の売却代金から先順位担保権者が債権の満足を得、なお余剰が存するときは、後順位担保権者等は当該余剰分から自己の債権を回収することができる。そのため、後順位担保権者等は、担保不動産の売却価額に関心を有し、高額での売却（および当該売却価額を前提とする分配）を要求してくることがままある。

この点、後順位担保権者等からも、担保権設定登記の解除への合意が得られなければ、買受人がつかず、任意売却は頓挫してしまうため、先順位担保権者において、一定程度の譲歩をせざるをえない場合もありうる。競売による売却見込価額（およびこれによった場合の回収額）との差額を考慮しながら、後順位抵当権者等と、売却価額の配分について協議すべきであろう。

なお、競売によれば無剰余が明らかであり、本来配当にあず

かれないはずの後順位抵当権者等に対しても、登記解除への合意を得るために、いわゆる「ハンコ代」として一定の金額を支払うことが、実務上慣行的に行われている。この「ハンコ代」は、もちろん債権額や売却価額次第ではあるが、物件が相応に高額で処分がされる場合には、おおむね50万円から100万円程度が相場となっている。

3 その他の担保からの回収

　債権担保や動産担保からの回収を図るに際しても、まずは準備として、契約書に不備がないか等を確認する必要があることは、不動産担保と同様である。なお、法定担保権の一種として、動産売買の先取特権（民法321条）があり、事業会社であれば、自らの販売した商品の代金債権の回収については、販売先が転売先に対して有する売買代金債権をこの先取特権に基づいて差し押えることによって実現することが可能である。そのため、そのような先取特権が成立していないかも、確認の対象となりうるが、銀行においてはあまり考えられないであろう。

　そのほか、担保権の実行に関して注意すべき点は、以下のとおりである。

（1）　債権担保

a　第三債務者への登記事項証明書の送付

　債権に対する担保権としては、質権（民法362条）または譲渡担保権があるが、実務上は債権譲渡担保が利用されることが多い。債権担保に係る第三者対抗要件としては、①民法に基づくもの、具体的には、確定日付のある証書による通知または第三債務者の承諾（民法364条、467条2項）と、②動産・債権譲渡

特例法に基づく債権譲渡登記（民法4条1項）とがある。

　このうち債権譲渡登記を経由する方法をとった場合は、債権譲渡登記によって第三債務者以外の第三者に対しては当該担保権を対抗することができるが、第三債務者との関係では債権譲渡登記を経由したのみでは対抗要件を具備したことにはならず、第三債務者に対して登記事項証明書を交付して通知したときにはじめて、第三債務者への対抗要件（債務者対抗要件）が具備される（同条2項）。すなわち、かかる通知の前は、第三債務者は、担保権設定者を債権者として、債務の弁済を行うことができる。

　そのため、担保権者たる銀行が、債務者の倒産兆候を認め、債権担保からの回収が必要と判断したときには、まず第三債務者に通知を行うことにより、債務者対抗要件を具備する必要がある。実務では、第三債務者宛てに配達証明付きの内容証明郵便にて担保権を実行する旨（これにより、自らが対象債権を確定的に取得した旨）の通知を行うとともに、別途、配達証明付書留郵便にて登記事項証明書を送付することになる。

b　確定日付のある証書による債権譲渡通知

　不動産登記における登記留保のように、債権譲渡登記が留保されている場合や、債権譲渡登記に不備があり対抗要件としての効力が認められない場合には、担保権者たる銀行は、確定日付のある証書（実務的には、配達証明付内容証明郵便）による通知を直ちに行うことにより、債務者対抗要件および第三者対抗

要件を具備することができる（民法467条）。

　ただし、債務者の信用が悪化してからの対抗要件の具備は、当該債務者が法的整理手続に至った場合に、対抗要件否認（第3章8⑵ｃ）を受けるリスクがある。

ｃ　担保権の実行手続

　債権に対する質権者は、対象債権を自ら直接取り立てることができ（民法366条1項）、譲渡担保権者もまた同様と解される。

　したがって、債権担保を取得した銀行が、当該担保権を実行する際には、第三債務者に対し、対象債権に係る債務の弁済を自己宛てに行うよう請求すればよく、裁判所の関与する法的手続を申し立てる必要はない。

⑵　動産担保

ａ　集合動産譲渡担保の実行通知

　集合動産譲渡担保の場合、担保権の目的となる動産は、日々の営業活動のなかで絶えず変動することが予定されており、保管場所から搬出された動産には、原則として担保権の効力は及ばなくなる。

　そのため、担保権者たる銀行は、債務者の倒産兆候を認め、集合動産担保からの回収が必要と判断したときには、まず債務者に担保権実行の通知を行うことにより、担保権の目的物を、当該通知時点における保管場所内の動産に確定させる（固定

化）必要がある。

　もっとも、かかる固定化が生じた後に保管場所に搬入された動産には、担保権の効力は及ばなくなるものと一般的に解されているため、実行通知のタイミングには注意が必要である。

b　担保動産の保全の重要性

　動産は一般に、移動も容易であり、隠匿・処分がされやすい。また、動産譲渡担保の対抗要件は、動産譲渡登記（動産・債権譲渡特例法3条1項）または占有改定の方法による引渡し（民法183条）の場合が多いものと思われるが、いずれの場合も、当該担保動産そのものからは担保権の存在が明らかではないため、担保動産（固定化された集合動産譲渡担保の目的たる動産を含む）が債務者により無断で第三者に売却された場合等に、当該第三者に即時取得（第3章5(2)a）が成立する可能性もある。

　そのため、担保権者は、担保動産の隠匿・処分の危険性が特に高いと判断する場合には、裁判所に占有移転禁止の仮処分（民事保全法23条）を求める等により、担保動産の保全を図る必要がある。

c　担保権の実行手続

　動産譲渡担保について、担保権者は、担保権実行の通知後、担保動産を第三者に処分してその処分代価を被担保債権に係る弁済に充当する（処分清算）、あるいは、動産を適正価額で評

価したうえで、自らその所有権を取得し、評価額を被担保債権に係る弁済に充当する（帰属清算）ことにより、被担保債権を回収することができる。

　もっとも、債権者にとって担保動産の評価や処分は困難である場合が多く、むしろ債務者のほうが売却先に当てがある場合も多いので、実務的には、動産担保からの債権回収については、債務者との間で任意売却の交渉を行うべき場合が多いように思われる。

4 法的倒産手続と担保権

(1) 各種法的倒産手続における担保権の取扱い

法的倒産手続においては、債務者の資産は、すべての債権者の債権に対する責任財産として、換価され、公平な配当の原資とされるのが原則であるが、特定の債権者に対する担保として供されているものについては、以下のとおり、別異の取扱いがなされる。

a 破産および民事再生

破産手続および民事再生手続においては、担保権（商事留置権、特別の先取特権、質権、抵当権等）は、原則として手続の影響を受けることはない。したがって、これらの担保権者は、手続外で自由に担保権を行使し、自己の債権について優先的な回収を得ることができる。

かかる地位の認められる担保権のことを、倒産手続上、別除権という（破産法65条、民事再生法53条）。

b 会社更生

これに対し、会社更生手続においては、事業再建のための必要性が特に重視されており、担保権（商事留置権、特別の先取特

権、質権、抵当権等）を有する者も、更生手続外で個別に権利を行使することは原則としてできず、更生手続に組み込まれて、更生計画の定めるところにより弁済を受けることになる（会社更生法47条1項）。

　これらの者の有する被担保債権は、更生担保権（会社更生法2条10項）として、更生計画内において最優先順位を与えられるが、それでも権利変更を受ける（減免される）可能性はある。

(2)　法的倒産手続内での担保権者の債権回収

a　破産および民事再生

　破産手続および民事再生手続において、別除権者は、別除権の行使によって満足を受けられない部分についてのみ、手続中で権利を行使する（配当を受ける等）ことができる（不足額責任主義。破産法108条1項、民事再生法88条）。そのため、別除権者が債権を届け出る際には、通常の債権届出事項（破産法111条1項、民事再生法94条1項）のほか、別除権の目的である財産および別除権の行使によって弁済を受けることができないと見込まれる債権の額（予定不足額）の届出を要する（破産法111条2項、民事再生法94条2項）。

　破産手続においては、別除権者が上記不足額につき配当を受けるためには、配当が行われる前の一定期間内に、上記不足額を証明しなければならない（破産法198条3項）ところ、別除権

を放棄する場合を除けば、別除権の目的物を換価しない限り、上記不足額を明らかにすることはできないため、別除権の行使時期には注意を要する。もっとも、たとえば別除権の目的物が不動産である場合、換価のために競売を実行しなければならないというわけではなく、前記のとおり、任意売却のほうがメリットが大きいため、担保権者（別除権者）たる銀行は、破産管財人との間で任意売却について交渉し、自己の担保からの債権回収を図ることになろう。

　また、民事再生手続においては、清算型手続の破産と異なり、別除権の目的物が再生債務者の事業の再建に必要であって、不足額の確定のために当該目的物の処分を行うことが適当ではない場合も多い。そこで、再生債務者と別除権者が協議のうえ、被担保債権を減額する（これにより、担保されないことが確定した債権につき、別除権者は再生手続内で権利を行使することができる。民事再生法88条但書）とともに、再生債務者が別除権者に当該減額後の被担保債権額相当の弁済を行うことを合意する（弁済後は、担保権を抹消する）ことが多く行われている。かかる合意のことを別除権協定といい、担保権者（別除権者）たる銀行は、再生債務者との間でこの別除権協定を締結して、自己の担保からの債権回収を図ることになろう。

b　会社更生

　会社更生手続においても、更生担保権者は、更生債権の届出（会社更生法138条1項）とともに、更生担保権の届出（同条2

項）をしなければならない。届出を忘れば、当該更生担保権は更生計画において考慮されず、更生計画の認可決定によって担保権が消滅してしまう（会社更生法204条1項）ので、特に注意が必要である。

　届け出られた更生担保権につき、管財人は、その内容や担保権の目的財産の価額等について、認否を行う（会社更生法146条1項2号）。更生担保権者たる銀行は、管財人との間で担保権の目的財産の価額について評価が分かれ、管財人から届出に係る更生担保権を認められなかった場合には、更生担保権査定の申立て（会社更生法151条1項）および当該財産に係る価額決定の申立て（会社更生法153条）を裁判所に対して行い、評価額を争うことになる。

　なお、担保権の目的となっている更生会社の財産のなかにも、事業の再建のために特に必要ではないものもあり、かかる財産についてまで担保権の実行を禁止する必要は乏しい。かかる財産について、価額の下落が予想されるような場合には、担保権者たる債権者は、早期の処分を実現すべく、裁判所に対し、職権による担保権実行禁止の解除（会社更生法50条7項）を促すことも考えられる。

第 **6** 章

保証からの回収

一般の保証人からの回収

(1)　回収に向けての準備

　債権者が保証人に対して保証債務履行請求をするには、当然のことながら、保証契約が有効に成立しており、瑕疵がないことがその前提となる。

　そこで、その確認の一環として、まずは保証に係る契約書を確認すべきである（第2章2(2)）。

(2)　保証債務の履行期限

　保証債務についても、その履行期限が到来するまでは、保証人は債務を履行する必要はないが、保証債務の附従性により、主債務の履行期限が到来したときには、当然に保証債務の履行期限も到来する。したがって、主債務者の業況が悪化し、期限の利益の喪失に至った場合には、保証人も、自己の保証債務について期限の利益を失い、直ちに債務を履行すべきことになる。

　なお、銀行が、主債務者の債務につき、請求により期限の利益を喪失させる場合などは、保証債務に上記の附従性があるため、保証人の保証債務の期限の利益を喪失させるために重ねて特段の意思表示を行う必要はない。もっとも、債権者は個人の

保証人に対し、主債務者の期限の利益の喪失を知った時から2カ月以内にその旨を通知しなければならないとされていること（通知を怠ったときは、期限の利益喪失時から通知を現にするまでに生じた遅延損害金を保証人に対して請求することができない。民法458条の3）もあり、実務においては、主債務者に対して期限の利益喪失通知を配達証明付内容証明郵便で送付する際に、同時に、同様の方法で、保証人に対し、期限の利益喪失の旨を通知したうえで、保証債務の履行を請求するのが一般的である。

(3) 保証人からの回収

　基本的には、保証債務は主債務と同内容であり、また、実務においてほぼ100％利用されているといってよい連帯保証の場合、保証人は催告・検索の抗弁権および分別の利益を有しない（第3章6(4)a）。したがって、保証人は主債務者とほぼ同じ立場にあるといえ、保証人からの債権回収の手段については、主債務者からのそれと同様のことが当てはまる。すなわち、保証人の預金がある場合は、保証債務履行請求権と預金債務との相殺ができ、保証人から取立委任を受けている手形があれば、当該手形の取立代り金からの債権回収も可能である。その他保証人にみるべき資産があれば、仮差押えによって第三者への流出を防いだうえで、訴訟を提起して勝訴判決を得、これを債務名義として強制執行を行うことができ、すでに流出してしまった資産については、詐害行為取消権の行使等により回復を図ることが可能な場合もある。

なお、根保証においては、個人（貸金等）根保証契約につき、一定の事由が元本確定事由とされていること（民法465条の4）を除き、元本確定事由に係る法律上の定めは特にない。そこで、根保証債務につき、（主債務に附従して）履行期限が到来していたとしても、元本確定期日が未到来の場合に、被保証債務が確定していない段階で保証人に対して保証債務の履行を請求することができるのか、という疑問は生じうる。この点、将来被保証債務の増減が生じる可能性があるか否かということと、すでに履行期限が到来している被保証債務を履行すべきか否かということは別異に考えるべきであり、根保証においても、履行期限が到来していれば、元本確定を待たずに保証債務履行を請求することができるものと思われるが、いずれにせよ、実務的には、根保証契約書上に、債権者の一方的な意思表示をもって元本確定を請求することができる旨の約定が設けられている例が多いように思われるため、特段の問題は生じにくい。

　ところで、保証人には、後述の信用保証協会以外にも、銀行系列の保証会社など、業として保証を提供しているところがある。その場合、債務者に債務不履行が生じれば、債権者は保証会社に対して保証債務の履行を請求することにより債権の回収を図ることとなり、保証債務を履行した保証会社は、求償権を被担保債権とする担保権（抵当権など）を有しているのが通常であるから、当該担保権を行使して、求償債権の回収を図ることとなる。ところが、債務者に債務不履行が生じた段になっ

て、保証契約上の条件を満たしていない疑いを理由に、保証会社から保証債務の履行を拒絶されることがあり、債権者は、これが認められれば、保証会社の担保権を行使することもできないために、無担保・無保証の債権を有することになりかねない。そのような事態が生じたときには、当然、まず債権者と保証会社との間で保証契約の有効性（保証条件の充足性）を協議することになるが、保証会社において事前求償権を被担保債権として担保権を実行し、回収できた範囲で保証債務を認めて解決を図ることもみられる。

(1)　信用保証協会保証の概要

　信用保証協会は、中小企業者等が銀行その他の金融機関から貸付等を受けるについて、その貸付金等の債務を保証することを主たる業務とし、もって中小企業者等に対する金融の円滑化を図ることを目的とする特別法上の法人である（信用保証協会法1条）。すなわち、銀行が貸付を行うに際しては、信用保証協会の保証を受けて行うことがある（マル保と呼ばれる）。

　銀行と信用保証協会との保証契約は、案件ごとに各別の内容で締結されるわけではなく、あらかじめ信用保証協会が定めた「約定書」による基本契約が締結されており、個々の保証行為は、信用保証協会が「信用保証書」を発行することにより行われ、当該保証に係る契約には、上記基本契約の条項が適用されることになる。

　銀行と信用保証協会との間の保証契約が、一般の保証契約と異なる点は、主に以下のとおりである。

①　銀行は、原則として信用保証協会の保証付きで実行した貸付に係る貸付金から、当該主債務者に対する既存の債権に係る債務の弁済を受けてはならない（旧債振替えの制限）。

②　銀行が主債務者との合意により返済条件等を変更する場

合、信用保証協会から保証契約の変更に係る書面での同意を得なければならない。

③　銀行は、履行期限後90日（協会によっては60日）を経てからでないと、信用保証協会に対して保証債務履行を請求することができない。また、信用保証協会は、遅延損害金については、履行期限後120日分のそれを支払の限度とし、かつ、その利率は貸付利率と同率とされる。

④　銀行は、履行期限後２年を経過した後は、信用保証協会に対し、保証債務の履行を請求することができない。

⑤　信用保証協会は、銀行が、(i)上記①の旧債振替えの制限に違反したとき、(ii)保証契約に違反したとき、(iii)故意もしくは重過失により、被保証債務の全部または一部の履行を受けることができなかったときは、保証債務の全部または一部につき責任を免れる。

⑵　信用保証協会からの回収

銀行は、主債務者の債務履行を困難とする事実を予見または認知したときは、まずは遅滞なく事故報告書を提出することにより、当該事実を信用保証協会に通知したうえで、対応について協議する。

回収に着手することとなった場合、銀行は、信用保証協会の保証付債権を、その他のプロパー債権と同じ方法をもって取り立てなければならず、後者の回収を優先する等した場合、保証免責となる可能性がある（前項⑤(iii)）ため、注意が必要である。

銀行は、履行期限後90日（協会によっては60日）を経てから、信用保証協会に対して、保証債務の履行を請求することができる。請求を受けた信用保証協会は、保証条件違反がなかったか等を審査したうえで、特段の問題がなければ、銀行に対して保証債務を履行する。

　なお、根抵当権の設定を受けている担保不動産がある場合は、信用保証協会への代位による移転登記を行う必要がある。この移転登記には、元本確定登記が必要となるため、銀行は原則として、保証債務履行請求前に、根抵当権の元本確定（民法398条の19、398条の20参照）をしておかなければならない。

第 7 章

銀行取引に関連する
資産からの回収

銀行（金融機関）が債権者である場合、銀行は、法的に担保権の設定を受けていなくとも、銀行取引に関連する債務者の資産から優先的な債権回収を期待できることがある。具体的には、自行預金がある場合（本章1）、代金取立手形を預かっている場合（本章2）、債務者に窓口販売した投資信託がある場合（本章3）である。銀行の営業店担当者は、債務者に信用不安が生じた場合には、債務者がこれらの資産を有していないかを確認し、回収を検討しなければならない。逆に、銀行以外の債権者にとってみれば、債務者が銀行との間でこれらの取引を行っていた場合には、その資産からの回収は期待しがたいことが多い。

1 自行預金からの回収

　銀行取引関連資産のなかでも、自行預金については、相殺によってきわめて簡易な優先回収が可能となっており、結果として、銀行は預金に法的担保の設定を受けたにも等しい状況となっている。そこで、まず相殺の一般的な意義および要件について概観しておく。

(1)　相殺の意義

　民法505条１項は、「二人が互いに同種の目的を有する債務を負担する場合において、双方の債務が弁済期にあるときは、各債務者は、その対当額について相殺によってその債務を免れることができる。ただし、債務の性質がこれを許さないときは、この限りでない」と定めている。簡単にいってしまえば、相殺とは、一方的な意思表示によって互いに負っている債務を同額で決済できるというものである。

　たとえば、銀行が100万円の貸付金債権を有している一方、その債務者の預金が70万円あるという場合、銀行は70万円の預金支払債務を負っていることになるので、両者を70万円の範囲で相殺すれば、銀行が負っていた預金支払債務はすべて消滅する一方、貸付金債権も30万円に減少することになる。実質的には、預金から貸付金を回収したことになるのである。

(2)　相殺の一般的要件

a　同種の債権が対立していること

　相殺を行う側からみて、相手方に対して有している債権を自
働債権、相手方が有している債権を受働債権という。上記の例
でいえば、相殺を行おうとする銀行の有する貸付金債権が自働
債権であり、取引先の有する預金債権が受働債権ということに
なる（図表7－1参照）。

　民法505条1項によれば、「同種の目的を有する」自働債権と
受働債権とが対立している状態でなければならない。これは、
たとえば貸付金債権と手形現物の返還請求権といった異なる性
質の債権同士を相殺することはできないことを意味するもので
あり、貸付金債権と預金債権とを相殺する場合には、いずれも
金銭債権であるのでこの要件を満たす。

b　双方の債務が弁済期にあること

　また、「双方の債務が弁済期にある」ことも必要である。債

図表7－1　相殺の例

務者には、期限の利益があるため、弁済期が到来するまでは債務の履行を強制されない（第4章1(1)）。それにもかかわらず、債権者から相殺をされてしまうと、結果的には、弁済期前に債務の履行を強制されたのと同じこととなってしまう。そこで、債務者の期限の利益を保護するため、弁済期の到来が要件とされているのである。相殺により回収を図る銀行の立場からみれば、相殺により回収を図るためには、貸付金債権等の弁済期が到来した状態をつくりだしておかなければならないということである。

なお、対立する同種の債権がいずれも弁済期にある状態を、「相殺適状」という。

c　相殺の意思表示

相殺適状が生じている場合において、相手方に対して、相殺する旨の通知（相殺の意思表示）を行うことにより、相殺の効力が生じる（民法506条1項）。

(3)　預金相殺における自働債権

以上をふまえて、自行預金からの相殺による回収について特に問題となる点を説明する。

銀行の有する自働債権の典型例は貸付金債権であり、貸付元本のみならず、未収利息や遅延損害金も自働債権とすることができる。証書貸付の場合のほか、手形貸付の場合であっても相殺可能である（手形貸付においては、法的には、手形に基づく権

利である手形債権と契約に基づく権利である原因債権の2つの債権が存在することになるが、手形債権を自働債権として相殺するためには手形の呈示・交付が必要となりうるため、通常は、原因債権である金銭消費貸借上の貸付金債権を自働債権とすることになる)。

(2) b で述べたとおり、相殺を行うには債務の弁済期が到来していることが必要である。期限一括弁済の貸付金の期限が到来している場合のほか、分割弁済において履行遅滞となっている部分の貸付金債権を自働債権として相殺することは当然に可能であるが、期限未到来の部分の貸付金についても相殺により回収を図るためには、当該貸付金債権に係る債務者の期限の利益を喪失させておく必要がある。そこで、第4章で述べたところに従い、銀行取引約定書や個人ローン規定等に基づいて、債務者が期限の利益を喪失していることが前提となる。

当座貸越債権についても、当座貸越約定書に定める即時支払義務(銀行取引約定書における期限の利益喪失事由と同様の内容が定められている)が発生していれば相殺に供することが可能である。なお、相殺により当座貸越債権が減少すれば、債務者はその分さらに当座貸越しを利用できることになるが、相殺により債権回収行動をとらなければならないような場合であれば、当座貸越契約の解約の意思表示まであわせて行うべきであるのが通常であろう。

貸付金債権のほか、割引手形買戻請求権やエレクトロニックバンキングの未収手数料、証明書の発行手数料なども自働債権となしうる(ただし、非与信取引については一般的には銀行取引

約定書の適用範囲外と解されるため、銀行取引約定書に基づく期限の利益の喪失とは別に、手数料の期限の到来の有無を確認する必要があることに注意が必要である)。

(4) 預金相殺における受働債権

a 預金債権

自行預金からの回収を図る場面において、受働債権となるのは、預金債権である。普通預金および当座預金であれば口座番号ごとに、定期預金であれば預入れごとに、預金債権が成立している。

なお、銀行実務においては、支店ごとに独立して預金等を管理しているが、自店・他店を問わず同一金融機関内に貸付金債権および預金があれば自働債権と受働債権が対立しているものと認められる。それゆえ、自行預金からの相殺による債権回収を検討するに際しては、自店のみならず、他店も含めて貸付等および預金の状況を把握することが重要である。

ところで、銀行取引においては、顧客から事前に振込データを預かり、指定された営業日になると自動的に顧客の口座から出金して振込みを実行するべく、あらかじめ銀行の為替管理システムに登録している場合がある。この点、その顧客が、民事再生等の法的倒産手続を申し立て、営業開始時間前（前夜のうち）に裁判所から開始決定や弁済禁止の保全処分等を得て、銀行の支店にファックス等で通知しているような場合には、気が

つくと相殺に供しえた預金が振込処理により流失していた（あるいは、気づいても止められない）という事態が生じることがある。したがって、信用に不安を生じている顧客との為替取引（振込取引）においては、そのような事態が生じることがないように、注視が必要である。

b　弁済期の到来の必要性

　(2)ｂで述べたとおり、民法上、相殺を行うには「双方の債務が弁済期にある」ことが要件とされている。それゆえ、受働債権とする預金についても弁済期が到来して払戻しが可能な状態になっている必要がありそうである。

　もっとも、普通預金に代表される要求払預金では、預金者はいつでも預金の払戻しを求めることが可能であり、常に弁済期にあると考えられる。また、定期預金など定期性預金の場合であっても、その期限の利益は、債務者である銀行の側からこれを放棄することが可能であるし（民法136条２項）、銀行取引約定書等においても「期限の到来、期限の利益の喪失、買戻債務の発生、求償債務の発生その他の事由によって、貴行に対する債務を履行しなければならない場合には、その債務と私の預金その他の債権とを、その債権の期限のいかんにかかわらず、いつでも貴行は相殺することができます」などと約定されているのが通常であるため、結果的には、満期未到来であっても相殺に供することが可能である。

　よって、受働債権については、弁済期の到来を問題としなく

てもよい（相殺通知等において定期預金の期限の利益を放棄する旨
等を記載する必要もない）。

c　受働債権とすることが特に問題となる場合

　当座預金を受働債権とする相殺も可能である。この点、法的
には、相殺を行うに先立ち当座勘定取引契約を解約しておく必
要はなく、相殺による残高不足の結果として手形小切手の決済
がなされなかったとしても、決済事務の委託を受けた銀行の債
務不履行とはなるものではない。また、相殺未了のまま当座預
金残高がある状況で手形小切手の取立てが回ってくることもあ
るが、すでに相殺適状が生じていて後は相殺通知を行うだけな
のであれば、相殺に供すべき金額を別段預金に移すなどして手
形小切手の決済を行わないとしても、銀行の債務不履行にはな
らないと解される（最判昭和57年11月4日金融法務事情1021号75
頁参照）。もっとも、無用のトラブル防止等の観点からは、早
期に当座勘定取引契約の解約を行っておくことを検討すべきで
あろう。

　実務上悩ましいのが、差押禁止債権が振込入金により預金に
なっている場合である。差押禁止債権とは、種々の政策的考慮
から個別の法律で差押えが禁止されている債権であり、たとえ
ば、使用者に対する給与債権や退職手当請求権等の4分の3相
当額（民事執行法152条）、政府に対する年金受給請求権（厚生年
金保険法41条）、地方公共団体に対する生活保護金品受給権（生
活保護法58条）、地方公共団体に対する自然災害義援金受給権

（自然災害義援金に係る差押禁止等に関する法律3条）などがある。民法510条により差押禁止債権を受働債権とする相殺は禁じられている。しかしこれらの差押禁止債権も、いったん振込入金により預金にかたちを変えてしまえば、債務者の責任財産に混入し識別不能となり、当該入金に係る預金債権自体は差押禁止債権ではないため、法的には、銀行がこれを受働債権として相殺を行うことは可能である（最判平成10年2月10日金融法務事情1535号64頁）。それゆえ、相殺適状が生じている場合、銀行としては、差押禁止債権を原資とする預金であるからといって、安易に払戻しに応じるべきではない。しかしながら、とりわけ年金や生活保護受給金については、預金者の健康で文化的な最低限度の生活の確保が強く要請されるところであるし、下級審において、預金債権が差し押えられた場合に、債務者の差押禁止債権の範囲変更の申立て（民事執行法153条）に基づき厚生年金等の給付部分に係る差押命令の取消しを認めた裁判例も登場するに至っていることにも鑑みると、差押禁止債権を原資とする預金については、もともとの差押禁止の趣旨・性質、預金者の生活状況等を慎重に検討したうえで、預金者保護の観点から相殺することなく払戻しに応じたとしても不合理とまではいえないケースもある。

「預金拘束の適法性」

　当然のことであるが、自行預金から相殺による回収を図るためには、預金が現に存在していなければならない。それゆえ、債務者に信用不安が生じた場合、銀行としては、債務者の預金の払戻しを停止し（預金拘束とも呼ばれる）、回収原資を確保しておきたいと考えることになる。他方、預金者は預金を払い戻す権利を有しているため、銀行が法的根拠なく払戻しを拒むと、債務不履行や不法行為等に基づく民事上の法的責任を負いうる。そこで、いかなる場合であれば、預金拘束を行っても適法であるかが問題となる。

　まず、期日払預金である定期預金については、満期未到来のうちは、銀行は中途解約に応じる法的義務はなく、これを拒んでも問題はない（平時は、これに応じるケースが多いと思われるが、法的には、期日前解約請求に応じる義務はないのである）。

　これに対して、満期が到来したまま継続されていない定期預金や普通預金等については、銀行は、預金者の求めがあれば預金を払い戻す法的義務を負っている。しかしながら、すでに相殺適状が生じているのであれば、あとは相殺の意思表示を残すのみであり、預金者たる債務者にとっても当該預金は回収に充てられてもやむをえない状態になっ

ているのであるから、いったん預金を拘束したうえで、相殺までは行わず債務者たる預金者との間で弁済交渉等を行うことは当事者双方にとって合理的である。また、現に相殺適状まで生じていなくとも、債権者が直ちに相殺適状をつくりだせる状態であれば、同様である。そこで、債務者に期限の利益の当然喪失事由または請求喪失事由の発生が認められる場合には、預金を拘束して払戻しに応じないとしても、銀行は法的責任を負うものではない（請求喪失事由の発生で足り、現に請求喪失まで行っておく必要はない）との結論をとる見解が多い。なお、私見であるが、信用不安事象が発生して、それが請求喪失事由に該当するか否かを判断するために必要な期間も、預金拘束が認められるべきであろう。

　もっとも、長期間にわたって預金を拘束し続けるのは基本的には適当でないことから、預金拘束を行うとしても、合理的期間にとどめるべきであり、債務者との間で返済交渉を行ったうえで回収メドがつけば預金拘束をやめて任意弁済を受けるなどし、回収メドがつかないのであれば相殺による回収へと進むべきである。

⑸　相殺の通知

相殺の意思表示の方法は特に法定されていないため、口頭で告げることによっても行うことはできるが、証跡を残すため、

配達証明付内容証明郵便にて通知するのが通常である。法的には、何の債務と何の債務とをいくら相殺したのか特定して意思表示しなければならない。そこで、相殺通知書では、自働債権および受働債権の発生原因および金額を明示したうえで、自働債権と受働債権とを対当額で相殺する旨、残額の金額および直ちに支払うべき旨等を記載するのが一般的である（図表7－2参照）。

相殺の効力は、相殺の意思表示が相手方に到達した時点で生じる。所在不明の場合や内容証明郵便が到着しない場合には、期限の利益喪失通知について述べた（第4章3）のと同様の方法により意思表示を図ることになるが、相殺の場合にはさかのぼって効力を生じさせることも可能である（民法506条2項）ため、預金の払戻請求があった時点で相殺の意思表示をすれば足りるとの対応もありうる。

なお、銀行取引約定書等においては、「差引計算をする場合、債権債務の利息、割引料、損害金等の計算については、その期限を計算実行の日までとし、利率、料率は貴行の定めによる」旨を約定しているのが通常であり、普通預金であれ定期預金であれ、計算実行日を基準として約定利率による日割計算などの方法で預金利息および貸付金利息等を計算すればよい（定期預金を受働債権とする場合に、適用金利を約定利率とするか期限前解約利率とするかは、銀行により取扱いが異なる）。

図表7－2　書式　相殺通知書の例

令和5年6月6日

相殺通知書

住　所
○○商事株式会社
代表取締役社長　○○　○○　殿

住　所
株式会社●●銀行　●●支店
支店長　●●　●●　㊞

　当行が貴社に対して有する下記1の貸付金債権と、当行が貴社に対して負担する下記2の預金債務とを、銀行取引約定書の約旨に基づき、本日の計算をもって対当額において相殺いたしましたので、ご通知いたします。この相殺の結果、下記1の貸付金債権の元本残高は●円となりましたので、約定による未収利息および遅延損害金を付して直ちに弁済されますよう、重ねて請求いたします。

記

1　貸付金債権の表示
　　令和元年10月30日付証書貸付に基づく貸付金
　　　元本残高　○円
　　　利息　○円（令和○年○月○日から令和○年○月○日まで年
　　　　○％の割合）
　　　遅延損害金　○円（令和○年○月○日から年14％の割合）
2　預金債務の表示
　⑴　当座預金（口座番号1234567）　　　　○円
　⑵　普通預金（口座番号8901234）　元金　○円
　　　　　　　　　　　　　　利息　○円（ただし、利率年○％、
　　　　　　　　　　　　　　　　　源泉所得税○％差引後）

以　上

⑹ 預金への差押えと相殺の実務対応

a 相殺の担保的機能

相殺は、一方的な意思表示により実行可能である点において債権回収にとって便利な制度であるが、加えて、他の債権者に対する強力な優先的効力が認められる点に大きな特色がある。

債務者に信用不安が生じると、各債権者は、競って債務者の資産からの回収を図ることになり、預金債権についても、他の債権者が差押え（仮差押えや租税滞納処分による差押えを含む）を行うことがありうる。通常、債権の差押えにおいては、第三債務者（銀行）は債務者（預金者）への弁済が禁止され、差押債権者は直接に第三債務者から債権を取り立てて自己の債権の回収に充てることが可能となる（民法481条、民事執行法145条、155条参照）。相殺も受働債権についてみれば債務の弁済行為に等しいから、差押えがあると、第三債務者は相殺することができないまま差押債権者からの求めに応じて弁済しなければならなくなりそうである。しかしながら、第三債務者が債務者に対して反対債権を有していた場合には、最終的には相殺により回収するとの期待を差押え前から有していたはずである。そこで、かかる第三債務者の期待を保護するため、債権の差押え後であっても、一定の場合には第三債務者からの相殺が可能と解されている。

では、具体的にはどのような場合であれば相殺が許されるの

だろうか。

　民法511条１項は、「差押えを受けた債権の第三債務者は、差押え後に取得した債権による相殺をもって対抗することはできないが、差押え前に取得した債権による相殺をもって対抗することができる」と定めている。それゆえ、預金債権に対する差押通知の受領後に貸付を行うなどして債権を取得しても、これを自働債権として相殺を行うことはできないが、貸付金債権等の自働債権を差押えより前に取得していさえすれば、自働債権と受働債権との弁済期の先後等にかかわらず相殺は可能である。もちろん、相殺時に相殺適状自体は生じていなければならないが、銀行取引約定書等において（仮）差押命令の発令が貸付金債権の期限の利益の当然喪失事由とされているのが通常であり、このような約定も判例（最大判昭和45年６月24日最高裁判所民事判例集24巻６号587頁）上有効とされている。

　また、民法511条２項では、同条１項の規定にかかわらず「差押え後に取得した債権が差押え前の原因に基づいて生じたものであるときは、その第三債務者は、その債権による相殺をもって差押債権者に対抗することができる。ただし、第三債務者が差押え後に他人の債権を取得したときは、この限りでない」と定められている。そのため、たとえば、主債務者から銀行保証の委託を受けてその債務を保証していたところ、主債務者の預金に差押えがあり、その後に銀行が保証債務を履行して主債務者に対する求償権を取得した場合、当該求償権は、差押え後に取得したものではあるものの、保証委託契約という差押

え前の原因に基づいて生じたものであり、銀行はこれを自働債権として差押預金と相殺することができると考えられている。

　なお、差押え後に入金された預金を受働債権とする相殺は、問題なく可能である（差押えの効力は差押命令送達時の預金にしか及んでいないからである）。

　以上のとおり、相殺には他の債権者に優先する強力な効果が認められており、「相殺権を行使する債権者の立場からすれば、債務者の資力が不十分な場合においても、自己の債権については確実かつ十分な弁済を受けたと同様な利益を受けることができる点において、受働債権につきあたかも担保権を有するにも似た地位が与えられるという機能を営むもの」（前掲・最大判昭和45年6月24日）ということができる。

b　預金の差押えがあった場合の実務対応

　上記民法の規定をふまえると、預金の差押えを受けた場合には、銀行は、いったん当該時点での預金残高を別段預金に移すなどしたうえで、適宜のタイミングで相殺を行えばよいことになる。ただし、差押債権者が転付命令（民事執行法159条）により預金債権を取得したうえで、自己が銀行に対して負っている債務との相殺まで行うと（転付債権者による逆相殺）、銀行はもはや相殺を行うことができず、元の預金者に対する回収困難な債権が残存するという不利益がありうることから、転付命令の送達があった場合には、直ちに元の預金者に対する相殺を行うべきである（転付命令の第三債務者に対する送達から1週間が経

図表7－3　書式　陳述書の例

事件番号	令和○年（○）第○○○号

陳　述　書

令和　　年　　月　　日

○○地方裁判所御中

　　　第三債務者　住　　　　　　所

　　　　　　　　　氏名または商号

　　　　　　　　　　　　　　　　　　　　　　　　印

　　　　　　　　　TEL　　　　　（　　　　　）

　　　　　　　　　　　（担当者名　　　　　　）

以下のとおり陳述します。

1．差押えに係る債権の存否	あ　る　　　　　　　な　い
2．差押債権の種類および額 （金銭債権以外の債権はその内容）	普通預金 金○○○円也
3．弁済の意思の有無ある	あ　る　　　　　な　い
4．弁済する範囲または弁済しない理由	債権者に対して、差押えに係る預金額以上の反対債権を有するので、将来相殺することがある。その場合は弁済しない。

5．差押債権について、差押債権者に優先する権利を有する者（たとえば、質権者）がある場合の記入欄	優先権利者の氏名、住所	
	優先する権利の種類および範囲（金額）	

6．他の差押え（滞納処分またはその例による差押えを含む） 仮差押え 仮処分	執行裁判所等	債権者の住所、氏名	差押え等の送達年月日	差押え等の執行された範囲（金額）
	事件番号			

過することにより、転付命令の効力が生じ、預金債権の転付債権者への移転が確定する）。

　なお、差押命令の送達に際しては、第三債務者に対する陳述の催告書が添付されているのが通常である（図表7－3参照）。陳述の催告とは、第三債務者に対して、差押命令の送達日から2週間以内に、①差押えに係る債権の存否ならびにその種類および額、②弁済の意思の有無および弁済する範囲または弁済しない理由、③差押えに優先する権利者（質権など）がいるときは、その氏名・住所や当該権利の種類・優先範囲、④他の債権者の差押え、仮差押えの有無等、⑤滞納処分による差押えの有無等といった事項について回答を求めるものである（民事執行法147条1項、民事執行規則135条1項。第8章(3)f(b)）。

　陳述の催告に対して相殺する意思がある旨を回答しなかったとしても、相殺権が失われるものではないが（最判昭和55年5月12日金融法務事情931号31頁）、故意または過失により不陳述や不実の陳述を行うと差押債権者に対する損害賠償責任が生じること（民事執行法147条2項）もあり、相殺するため差押債権者に対して預金を払い戻す意思がないのであれば、その旨を明記して回答すべきである。

(7)　倒産手続と相殺の実務対応

a　倒産手続における相殺の意義

　取引先に法的倒産手続（破産手続、民事再生手続、会社更生手

続および特別清算手続）の開始決定が下された場合は、相殺が最も威力を発揮する場合ということができる。たとえば、破産した債務者に対して100万円の貸付金債権を有している一方、当該破産者の預金が70万円あり、予想破産配当率が10％になるというケースを考えてみよう。相殺ができないとすれば、銀行は破産管財人の求めに応じて預金の払戻しに応じなければならない一方、100万円×10％＝10万円の回収が実現されるにとどまる。相殺を行うことができれば、銀行は預金から70万円を回収し、合計73万円（70万円＋30万円×10％）の回収が可能となる（ただし、厳密にいえば両者で配当率に若干の差異が生じるはずである）。相殺の担保的効力の観点からは、法的倒産手続が開始された場合こそ担保としての意義が発揮される場面であるから、原則として、倒産手続開始後であっても債権者からの相殺は認められるべきことになる。

　他方で、法的倒産手続においては債権者を平等に取り扱うべしとの要請も働くため、債権者間の強い不平等・不衡平をもたらすような偏頗的な相殺の効力は認められない。そこで、法的倒産手続においては、債権者からの相殺に対する重大な制限が設けられている。

　現実には、預金相殺を検討するほとんどの場面においては、倒産手続の開始が想定される状況といってさしつかえなく、相殺による回収を検討するにあたっては、以下に述べる仕組みを十分に理解しておくことが必要不可欠である。

b　受働債権の負担時期による相殺制限

ⓐ　まず、受働債権とする債務の負担時期の観点から、相殺に制限が加えられている。破産法71条1項によれば、以下のいずれかに該当するときは、債権者から「相殺をすることはできない」ものとされており、すでに行っていた相殺も無効となる（民事再生法93条1項、会社更生法49条1項、会社法517条1項で、他の倒産手続においても同様の規律が定められている）。

①　破産手続開始後に破産財団に対して債務を負担したとき（1号）

②　支払不能になった後に契約によって負担する債務をもっぱら破産債権をもってする相殺に供する目的で破産者の財産の処分を内容とする契約を破産者との間で締結し、または破産者に対して債務を負担する者の債務を引き受けることを内容とする契約を締結することにより破産者に対して債務を負担した場合であって、当該契約の締結の当時、支払不能であったことを知っていたとき（2号）

③　支払の停止があった後に破産者に対して債務を負担した場合であって、その負担の当時、支払の停止があったことを知っていたとき。ただし、当該支払の停止があった時において支払不能でなかったときは、この限りでない（3号）

④　破産手続開始の申立てがあった後に破産者に対して債務を負担した場合であって、その負担の当時、破産手続開始の申立てがあったことを知っていたとき（4号）

一見するとわかりにくいが、要するに、倒産手続開始後に負担した債務による相殺の禁止（①）と、法的倒産手続開始前であるが倒産危機時期に陥った後に負担した債務による相殺の禁止（②③④）とが定められている。自働債権の実質的価値が低下している状況で負担した債務をもって、相殺による名目額での回収を認めることは、偏頗的な行為と考えられるためである。ただし、倒産危機時期以降の債務負担（②③④）については、取引先が危機時期にあることを知らずに債務を負担したときまで相殺が禁止されると、債権者の期待を裏切ることとなり、ひいては取引の安全を害する結果となることから、相殺が禁止されるのは、倒産危機時期であることを知って債務を負担した場合に限定されている。

　これらの相殺制限事由のうち、倒産危機時期以降の債務負担（②③④）については、破産法71条2項により、当該債務負担が、(i)法定の原因、(ii)支払不能、支払の停止または倒産手続開始の申立てを知った時より前に生じた原因、(iii)倒産手続開始の申立てがあった時より1年以上前に生じた原因に基づくものであれば、相殺禁止が解除され、相殺可能とされている（破産以外の他の法的倒産手続でも同様）。これに対して、法的倒産手続開始決定後の債務負担（①）については、かかる例外が認められていないことに注意を要する（以上につき、図表7－4、7－5参照）。

(b)　以上の規律を、預金相殺において問題となる場面との関係で、具体的にみてみよう。

図表7−4　破産手続における相殺禁止の条文構造

	破産手続開始後	倒産危機時期以降
債務負担	71条1項1号	71条1項2号・3号・4号
		（制限解除）71条2項
債権取得	72条1項1号	72条1項2号・3号・4号
		（制限解除）72条2項

図表7−5　破産手続における預金の入金時期と相殺制限

　たとえば、債務者の申立代理人弁護士から法的倒産手続開始の申立てを行う予定である旨の受任通知を受領し、これにより支払の停止があったと認められた場合には、通知受領後に入金記帳された預金を受働債権とする相殺は原則として禁止される（③）。

　(ii)にいう「前に生じた原因」に基づく入金であるとされれば相殺可能となるが、これは相殺への期待を直接かつ具体的に基礎づけるものでなければならないと解されている。あらかじめ普通預金契約や当座勘定取引契約を締結していたというだけでは、間接または抽象的に相殺が期待されるにとどまり、「前に

生じた原因」（(ⅱ)）があるとは認められない（最判昭和60年2月26日金融法務事情1094号38頁）。他方、あらかじめ締結された振込指定契約に基づき、倒産危機以降・倒産手続開始決定前に債務者の取引先等から預金入金があったという場合であれば、銀行としては回収確保の手段として振込指定契約を締結しているものにほかならず、入金により相殺適状が生じる蓋然性も高いことから、「前に生じた原因」（(ⅱ)）に基づく債務負担として相殺が許容される（名古屋高判昭和58年3月31日判例時報1077号79頁）。ただし、振込指定契約に基づくものであっても、倒産手続開始決定後の入金であれば（①）、相殺禁止は解除されない。

　支払の停止など倒産危機時期に至った後も、なんらかの事情で債務者が法的倒産手続を申し立てることなく入金から倒産手続開始決定の申立てまで1年以上が経過すれば、相殺を行うことができる（(ⅲ)）。

　なお、債務者に法的倒産手続の開始決定があった場合において、相殺を行うとして、どの時点までの預金利息であれば相殺に供することができるのかは、必ずしも明らかでない。法的には、倒産手続開始決定後に発生した預金利息については、破産手続開始後に破産財団に対して債務を負担したとき（①）に該当するので、相殺できないようにも思われるが、現実の相殺時までの預金利息で計算している例もみられる。

c 自働債権の取得時期による相殺制限

ⓐ 次に、自働債権の取得時期の観点からも、相殺に制限が加えられている。破産法72条1項によれば、以下のいずれかに該当するときは、「相殺をすることはできない」ものとされている（民事再生法93条の2第1項、会社更生法49条の2第1項、会社法518条1項で、他の倒産手続においても同様の規律が定められている）。

① 破産手続開始後に他人の破産債権を取得したとき（1号）

② 支払不能になった後に破産債権を取得した場合であって、その取得の当時、支払不能であったことを知っていたとき（2号）

③ 支払の停止があった後に破産債権を取得した場合であって、その取得の当時、支払の停止があったことを知っていたとき。ただし、当該支払の停止があった時において支払不能でなかったときは、この限りでない（3号）

④ 破産手続開始の申立てがあった後に破産債権を取得した場合であって、その取得の当時、破産手続開始の申立てがあったことを知っていたとき（4号）

要するに、受働債権の負担時期による相殺制限と同様、倒産危機時期以降・倒産手続開始前に取得した債権による相殺の禁止（②③④）と、法的倒産手続開始後に取得した債権による相殺の禁止（①）とが定められているのである。このような時期

に取得した債権により相殺を認めることは、やはり偏頗的だからである。倒産危機時期以降の債権取得（②③④）については、破産法72条2項により、当該債権取得が、(i)法定の原因、(ii)支払不能、支払の停止または倒産手続開始の申立てを知った時より前に生じた原因、(iii)倒産手続開始の申立てがあった時より1年以上前に生じた原因、(iv)債務者に対して債務を負担する者と債務者との間の契約に基づくものであれば、相殺禁止が解除され、相殺可能とされている（破産以外の他の法的倒産手続でも同様）。法的倒産手続開始決定後の債権取得（①）については、かかる例外は認められていない（以上につき、図表7－4参照）。

(b)　もっとも、銀行実務において、DIPファイナンスのような場合を除けば、倒産危機時期以降に貸付を行うことは基本的に想定されず、かかる制限が問題となることはまれである。むしろ実務上重要なのは、明文の禁止規定はないものの、倒産手続開始決定後（決定日を含む）の利息・遅延損害金を自働債権とする相殺は行うことができないことである。すなわち、破産手続についてみれば、破産手続開始決定後の利息・遅延損害金は通常の破産債権に配当が劣後する劣後的破産債権になる（破産法99条1項1号、97条2号）ところ、劣後的破産債権を自働債権とする相殺は行うことができないと解されているのである。よって、破産手続開始後に相殺を行うに際しては、破産手続開始決定時までの貸付元本・利息・遅延損害金でもって相殺を行うことになる。

d　相殺の時期の制限

　法的倒産手続においては、相殺を行うことのできる時期が制限される場合があるので、十分に注意が必要である。

　まず、民事再生や会社更生においては、再生計画や更生計画を定める前提として積極財産および消極財産の規模を確定させる必要があるため、債権者からの相殺を、債権届出期間満了前に相殺適状が生じており、かつ、債権届出期間内に意思表示を行った場合に限定している（民事再生法92条、会社更生法48条）。

　他方、破産手続においては、相殺を行う時期についてかかる制限は設けられていない。もっとも、破産者が個人である場合、通常は破産手続終結決定後に免責手続へと進み、裁判所の免責許可決定を得れば、破産債権について責任を免れる（履行を強制されない自然債務となる）ことになる。時折、銀行が相殺を行う前に、同時廃止（破産財団が手続費用にも満たないことが当初から明らかであるため、破産手続の開始決定と同時に廃止決定が行われること）や異時廃止（破産財団を調査した結果として破産財団が手続費用にも満たないことが明らかとなったため、破産手続の廃止決定が行われること）によって少額の預金を残したまま破産手続が終結し、免責許可決定まで下されるケースがある。このような場合に、免責許可決定後に、免責された破産債権を自働債権として相殺を行うことができるのかは議論のありうるところであるが、短期間で免責許可決定にまで至っているなど債権者の相殺権を奪うのは酷な場合も多いと思われ、本来であ

れば破産手続内で相殺禁止に抵触することなく相殺できた範囲内であれば、法的には、免責許可決定後であっても相殺が認められるべきである（名古屋地判平成17年5月27日判例タイムズ1203号295頁）。ただし、すべて責任を免れたと考えている債務者との間でトラブルになる懸念もあることから、やはり初動として取引状況を確認し、回収方針を策定すれば、破産手続終結前にすみやかに相殺を行っておくことが重要である。

2 代金取立手形からの回収

　預金のほかに銀行が優先的な回収を見込める資産としては、代金取立手形がある。すなわち、債務者から取立委任や割引依頼を受けて手形を預かっていたところ、債務者の業況が悪化した場合、これを取立期日に取り立てたうえで、その取立代り金を債務者に引き渡すことなく貸付金への相殺や充当を行うことができれば、金融機関としては、簡易に優先的な債権回収を実現できることになる。

　なお、2021年6月18日に閣議決定された政府の「成長戦略実行計画」において、5年後の約束手形の利用廃止に向けた取り組みを促進する旨が記載され、これを受けて、金融界においても、2026年末までに紙の手形・小切手を電子的決済サービス（電子記録債権またはインターネットバンキングによる振込）に移行するよう推進している状況にある。

(1) 倒産手続開始決定前に取立期日が到来する場合

　取引先に法的倒産手続（破産手続、民事再生手続、会社更生手続等）の開始決定が下されていない段階で代金取立手形の期日が到来する場合には、金融機関は、これを取り立てたうえで取立金引渡債務と貸付金請求権とを相殺すれば、債権回収を行うことが可能である。仮に、取立入金により取立金引渡債務を

負ったのが支払不能、支払停止または法的倒産手続開始の申立てより後であった場合には、一見すると倒産法における相殺禁止規定（本章1(7)ｂの②③④参照）に抵触するようにも思えるが、それらの倒産危機時期より前に手形の取立委任を受けていれば、手形の取立委任は倒産危機時期より「前に生じた原因」に該当して相殺禁止が解除されると解されるため（本章1(7)ｂの(ⅱ)）、金融機関は有効に相殺を行うことができるのである。

(2) 倒産手続開始決定後に取立期日が到来する場合

これに対して、倒産手続開始決定より後に取立期日が到来する場合については、やや複雑である。

第一に、倒産手続開始後・取立期日前に管財人や再生債務者から手形の返還を求められた場合、これを拒絶して取立期日まで手形を所持し続けることができるか否かが問題となる。

第二に、手形の返還を拒絶することができるとしても、取立期日が到来した場合に、当該手形を取り立て、その取立金から優先的に回収することが可能かが問題となる。前記(1)のケースとの違いは、前述のとおり、倒産手続開始決定後に負担した債務を受働債権とする相殺（本章1(7)ｂの①）については、相殺禁止規定についていっさいの適用除外が認められておらず（本章1(7)ｂ参照）、「前に生じた原因」に基づき負担したものとして相殺を正当化することができない点にある。

以下、法的倒産手続の種類ごとに、相殺の可否を検討してみよう。

a　破産手続開始決定後の取立入金

　取引先に開始された倒産手続の種類が破産手続である場合、破産手続開始決定に伴い手形の取立委任契約自体は当然に終了するものの（民法653条2号）、銀行は、手形について商事留置権が成立していることを主張して管財人からの手形の返還請求を拒むことができる。商事留置権とは、当事者双方のために商行為となる行為によって生じた債務の弁済を受けるまで、債権者が、商行為によって占有することになった債務者の所有物または有価証券を、留置することができる（返さなくてよい）権利のことである（商法521条）。

　そして、破産手続においては、商事留置権には「特別の先取特権」という優先弁済権が付与される（破産法66条）こととなっているから、手形の取立期日が到来すれば、金融機関は、取引先との銀行取引約定書等における弁済充当条項に基づき、当該手形を取り立てたうえで取立金を債務の弁済に充当することが可能と解されている（最判平成10年7月14日最高裁判所民事判例集52巻5号1261頁）。よって、結論としては、破産手続開始決定後に取立入金がある場合であっても、通常は銀行が優先回収を実現できることについては、異論がない。

「銀行取引約定書における弁済充当条項」

　一般的な銀行取引約定書においては、債務者が銀行に対する債務を履行しなかった場合、銀行は、担保およびその占有している債務者の動産、手形その他の有価証券について、必ずしも法定の手続によらず一般に適当と認められる方法、時期、価格等により取立てまたは処分のうえ、その取得金から諸費用を差し引いた残額を法定の順序にかかわらず債務者の債務の弁済に充当することができる、という内容の条項が合意されている。この条項を根拠として、銀行は、破産手続開始決定後も、手形を取り立て、取立金を債務の弁済に充当することができると解されているのである。

　ただし、銀行取引約定書の内容は、締結時期や各銀行によって若干異なるうえ、取引先によって内容を修正して締結するケースもありうることから、当該取引先との間にいかなる内容の約定が締結されているのかを確認することが、債権回収手段の検討に際しての当然の前提である。

b　民事再生手続開始決定後の取立入金

　取引先に開始された倒産手続の種類が民事再生手続である場合にも、銀行が手形の返還を拒絶できることは破産手続の場合

と同様である。

　他方、さらに銀行が取立金から優先回収を図れるかという点については、最高裁は、取立委任を受けた約束手形につき商事留置権を有する銀行は取立委任を受けた約束手形の取立金についても留置することができるとしたうえで、銀行取引約定書における弁済充当条項は別除権の行使に付随する合意として民事再生法上も有効であると解するのが相当であって、会社から取立委任を受けた約束手形につき商事留置権を有する銀行は、同会社の民事再生手続開始後の取立てに係る取立金を、銀行取引約定に基づき同会社の債務の弁済に充当することができる、との判断を下した（最判平成23年12月15日最高裁判所民事判例集65巻9号3511頁）。民事再生法においては商事留置権に特別の先取特権を付与する旨の規定はないものの、商事留置権に基づき取立金を留置している限り、再生債務者はこれを再生計画の弁済原資や再生債務者の事業原資に充てることはできない一方、留置の目的物が金銭の場合には再生債務者の側から被担保債権を弁済して留置物を受け戻す動機が働かないことから、銀行による任意の充当を認めてもさしつかえない、というのである。

　よって、結論としては、民事再生手続開始決定後に取立入金がある場合であっても、銀行は、弁済充当条項を根拠として、取立代り金の弁済充当による優先回収が可能である。

「信用金庫や信用組合等の場合」

　本章において述べていることの多くは、信用金庫や信用組合等の協同組織金融機関による債権回収についても当てはまるが、倒産手続開始後の取立入金については、なお問題が残されている。すなわち、信用金庫等の行う業務は営利を目的とするものではなく、信用金庫等は商法上の商人には当たらないと解されているため、信用金庫等が債務者より取得した手形については、商事留置権が成立せず（商法521条）、民事留置権が成立するにとどまる（民法295条）。そして、破産法や民事再生法においては、民事留置権は、特別の先取特権は認められず、別除権にもならない（破産法66条、民事再生法53条1項）。この点、前掲・最判平成23年12月15日は、銀行取引約定書における弁済充当条項は別除権の行使に付随する合意として民事再生法上も有効であると述べているのであり、逆にいえば、別除権すら有しない信用金庫等の手形については、たとえ信用金庫取引約定等において弁済充当できる旨が規定されていたとしても、倒産手続開始後の取立入金から回収することは許されないとされる可能性がある。協同組織金融機関であるというだけで回収が否定されるのは不合理であるが、いかなる理屈で回収を正当化するのか、今後の議論が注目される。

c　その他の倒産手続の開始決定後の取立入金

　取引先に開始された倒産手続の種類が特別清算手続である場合にも、商事留置権に基づき取立期日まで手形の返還を拒絶したうえで、相殺または取立充当条項に基づき、取立金からの回収を図ることが可能と考えられる。

　他方、取引先に開始された倒産手続の種類が会社更生手続である場合は、どうであろうか。会社更生手続では破産手続や民事再生手続とは異なり担保権の実行が禁止される（会社更生法50条）ことに鑑みると、銀行が弁済充当条項を根拠に会社更生手続外で勝手に取立金を債務に充当して回収することはできないと考えられるが、会社更生手続において商事留置権は更生担保権として取り扱われる（会社更生法2条10項）ため、結果的には、更生計画において優先的な配当が定められるべきものと解される。

Topics

でんさいに対する商事留置権の成否

　手形と類似の決済手段として「でんさい」がある。「でんさい」とは、電子記録債権法に基づく電子記録債権であって、全国の金融機関が参加する株式会社全銀電子債権ネットワーク（通称：でんさいネット）が取り扱うものを指す。

前記のとおり、2026年末までの約束手形の利用廃止が進められており、これに代わるものとしてでんさいの利用も推進されている。

　銀行がでんさいの受取企業からこれを割り引いた場合、手形割引と同様、当該でんさいの支払を受けたり、買戻特約に基づいて受取企業に対する買戻請求権を発生させ、当該企業の預金との相殺等により回収を図ることは、当然に可能である。

　これに対して、受取企業がでんさいの決済資金を受領するための窓口銀行は、手形の取立委任を受けた場合と同様、でんさいに商事留置権を有するものとして、決済資金を債務の弁済に充当することができるかという点については議論がある。具体的には、①でんさいは商事留置権の対象となる「有価証券」に該当するのか、②商事留置権が成立するためには債権者が目的物を「占有」することが必要とされるが、でんさいについて債権証書等が物理的に発行されて窓口銀行に預けられるわけではないため、「占有」が認められないのではないかという点が問題となる。この点については、電子記録債権を有価証券とみなす規定が存在しないこと等を理由に商事留置権の成立を否定する見解もあるが、現時点で実務上確立した見解は存在していないと考えられる。

　金融機関においては、手形にかわる決済手段としてでんさいが導入されたととらえられており、手形と同程度の回

収可能性を期待しているところであるが、本議論について
は今後の法整備・裁判例等の動きを注視していく必要があ
る。

3 投資信託からの回収

　銀行が窓口となって販売した証券投資信託に関連して、当該販売銀行による優先的な回収の可否が議論されている。金融ビッグバンによる規制緩和の一環として平成10年12月に解禁されて以降、銀行窓口での投資信託の販売は拡大を続け、投資信託残高のうち銀行窓口販売のものが半数近くに至っており、回収対象資産としての重要性も高まりつつある。議論の詳細は専門の論考に委ねざるをえないが、そのポイントについて述べておく。

⑴　投資信託の契約関係

　投資信託とは、投資信託及び投資法人に関する法律に基づく信託のことであり、証券投資信託とは、信託財産を委託者の指図に基づき、主として有価証券に対する投資として運用することを目的とする投資信託である（図表7－6参照）。

　証券投資信託の契約関係における登場人物は、委託者、受益者、受託者および販売会社である。まず、委託者である委託業者と受託者である信託銀行との間で投資信託契約を締結したうえで、信託銀行が、委託業者から委託を受けた金銭を信託財産として、その指図に従って有価証券に投資して運用する。信託受益権の販売は、登録金融機関である銀行等が販売会社として

図表 7 - 6　投資信託の契約関係

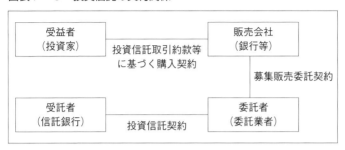

行う。投資家は、信託受益権を購入することで受益者となり、利益分配請求権等のほか、一部解約請求権ないし買取請求権等を有することになる。

　委託者と販売会社たる銀行等との間では募集販売委託契約が締結されており、銀行等は、信託受益権の販売に加え、受益者からの一部解約の請求の受付とその委託者への取次や、委託者からの解約金の受取りと受益者に対する支払などについても委託を受けている。また、販売会社たる銀行等と受益者との間では、投資信託取引約款等に基づく購入契約が締結されている。これらの各種契約を通じて、投資信託を解約により換金するには受益者は販売会社に通知を行うものとされ、当該通知があった場合には、販売会社は、解約請求を委託者に取り次いだうえで、解約金を受益者の預金口座に入金して支払うものとされている。

(2) 投資信託振替制度

販売会社が販売した信託受益権については、かつては受益証券が発行されて販売会社に保護預りされていたが、平成19年1月4日の社債等の振替に関する法律の施行により、受益証券は発行されなくなり、受益権は、口座管理機関である販売会社（銀行等）が管理する振替口座簿に記載または記録されることになっている。

(3) 投資信託からの回収方法

以上のとおり、証券投資信託においては、銀行は、委託者からの解約金の受取りと受益者に対する支払を担っている。そこで、債務者たる受益者の信用不安が生じた場合において、かかる解約金を発生させ、これを受益者に返還することなく貸付金の回収に充てられないかが問題となる。

まず、代金取立手形からの回収でも登場した銀行取引約定書の弁済充当条項（本章2(2)参照）を根拠に、銀行は、債務者の有価証券である投資信託を占有しているものとしてこれを解約の方法により処分し、解約金を貸付金の弁済に充当するとの方法が考えられる。もっとも、前述のとおり、投資信託では受益証券が物理的に発行されなくなっているため、振替口座簿への記載・記録によって銀行の占有（または準占有）が認められるのかという問題がある。また、受益者が商人でない個人債務者や連帯保証人の場合には、当事者双方のために商行為となる関

216

係がないため、そもそも弁済充当条項の実質的根拠となる商事留置権が成立しない。

　ほかには、債権者代位権（債務者が無資力である場合に、債権者が債務者にかわって、債務者の有する権利を行使することができる権能。民法423条）によって受益者の解約権を代位行使し、解約金を発生させたうえで、貸付金と解約金返還債務とを相殺するとの方法も考えられる。もっとも、債務者が法的倒産手続に至った場合には、倒産危機時期に陥った後に負担した債務による相殺であって破産法等の相殺禁止に抵触するとも考えられ、「前の原因」に基づく債務負担であるとして相殺禁止の例外に当たらないか（本章1⑺b）、問題となる。

　詳論は避けるが、最高裁は、銀行が、受益者である債務者の支払停止を知った後、受益者がもともと購入していた投資信託受益権について債権者代位権の行使による解約を行い、これにより解約金を発生させ、貸付金と解約金返還債務とを相殺したところ、債務者に民事再生手続が開始されたという事案において、「少なくとも解約実行請求がされるまでは、受益者が有していたのは、投資信託委託会社に対する受益権であって、これに対してはすべての再生債権者が等しく受益者の責任財産として期待を有していたといえる。受益者は投資信託受益権につき解約実行請求がされたことにより、銀行に対する解約金の支払請求権を取得したものではあるが、同請求権は受益権と実質的に同等の価値を有するものとみることができる」「解約実行請求は銀行が受益者の支払の停止を知った後にされたものである

から、銀行において同請求権を受働債権とする相殺に対する期待があったとしても、それが合理的なものであるとは言い難い」として、民事再生法93条2項2号にいう「支払の停止があったことを再生債権者が知った時より前に生じた原因」に基づいた相殺禁止の例外に当たるとはいえず、相殺は許されないと判断した（最判平成26年6月5日最高裁判所民事判例集68巻5号462頁）。

　したがって、上記判例の事実関係のもとにおいては、相殺は認められないこととなる。

　もっとも、上記判例は民事再生手続における相殺を否定したものにとどまり、その射程がどこまで及ぶのかについては、なお議論の余地がある。たとえば、証券投資信託において、銀行は受益者に対して解約金の交付を受けることを停止条件とする解約金返還債務を負っていると解されているところ（最判平成18年12月14日最高裁判所民事判例集60巻10号3914頁）、破産手続においては、民事再生手続とは異なり、破産開始後に停止条件が成就したときでも当該債務を受働債権として相殺することができるとされていること（破産法67条2項後段、最判平成17年1月17日最高裁判所民事判例集59巻1号1頁）から、最高裁判例を前提としても相殺が許容されないかが問題となる（相殺を認めた裁判例として、大阪高判平成22年4月9日金融法務事情1934号98頁）。また、商事留置権ひいては弁済充当条項による回収についていえば、受益証券が発行されて販売会社に「保護預かり約款」に基づき保護預かりされていた時代には、販売会社に商事留置権

が認められると考えられていたところ、制度上、受益証券が発行されなくなったからといって、銀行のもとで管理されその事実上の支配下にある点には変わりないから、そこからの債権回収の期待に大きな変化をもたらすべきものではないとも考えられる。したがって、引き続き今後の議論や裁判例の蓄積を注視していく必要があろう。

　ところで、上記は銀行の販売した投資信託に関するものであるが、近年は、銀行の窓販の対象は投資信託に限らず、保険などにも及んでおり、保険契約についても、解約のうえ解約返戻金が販売銀行の預金口座に入金されることになっていれば、同様に解することが可能なようにも思われる。しかしながら、保険契約等について同様の相殺の可否が問題として顕在化した例は見当たらないようであり、今後の課題であろう。

第 8 章

その他の資産の追及

はじめに

CASE

　取引先であるA社は、半年前から実質的に営業休止状態にあり、3カ月延滞が続いている。A社の社長には連絡がとれるが、債権の弁済に向けての交渉からは逃げ回っており、誠実に対応しようとしない。A社には担保にとっていない不動産、他行の銀行預金や在庫商品があるが、ここから回収はできないか。

　担保、保証または預金その他の銀行取引に関連する資産によっても回収ができない場合には、それ以外の一般財産からの回収を検討する必要がある。一般財産から強制的に回収を実現するためには、通常、訴訟を提起して確定判決を得たうえで、裁判所に差押え等の強制執行を申し立てる必要がある。

　その際に注意すべきこととしては、第一に、当然のことであるが、債務者に対して債権を有しているとか、判決でそのことが認められたというだけで、債権回収が実現されるわけではないので、強制執行等により回収可能な一般財産があるかどうかを調査し把握する必要があることである。その際、第6章および第7章の裏返しであるが、他の債権者が担保権の設定を受け

ている不動産や、債権者でもある他の銀行に開設された預金については、余剰価値がない限り回収を図ることは困難なことに留意が必要である。第二に、債権者平等の原則（各債権者は債権額に比例した弁済を受けるにとどまるという原則）が働く場合があることである。たとえば、ある財産に対して複数の債権者による強制執行が競合したり、他の債権者から配当要求があれば、各差押債権者の債権額で按分して配当されることになる。また、仮に債務者が破産や民事再生等の法的倒産手続に至ってしまえば、たとえ債務者に対する判決を得ていたとしても、個別の債権者が強制執行を行うことはできなくなり（破産法42条等）、また、法的倒産手続開始前であっても倒産危機時期に陥った後に行われた債権回収は、それが強制執行による回収であったとしても偏頗行為（特定の債権者だけに弁済等を行う行為）として否認の対象となるため（破産法162条等）、結局、すべての一般債権者の債権額で按分して配当を受けるほかなくなる。

　このように一般財産からの強制的な回収には、裁判に時間や費用を要する一方、十分な回収を実現できない限界もあるが、こうした限界をふまえつつも、余剰価値がある一般財産があれば、回収の極大化を図る観点から積極的に手を打っていくことが重要である。また、万一にも債務者の財産が不当に流出する場合には、これを差し止めたり、流出先からの回収を検討する必要もある。

　一般財産から回収を図るには、図表8−1のとおり、①仮差押え、②債務名義取得、③差押え・競売等（強制執行）、の一連の手続を検討することとなる。以下では、①から③の順番に、手続の詳細を述べる。

(1)　仮差押え

a　仮差押えの意義

　債権者が債務者に対して貸金債権等の実体上の権利を有するときであっても、すぐに債務者の財産から強制的に債権を回収することはできず、差押え等により強制的な回収を行おうとするためには、確定判決等の債務名義が必要である。もっとも、債務名義の取得には一般的に時間がかかるため、それまでの間に、債務者が財産を第三者に譲渡したり、担保設定、隠匿等を

図表8−1　一般財産からの強制的な回収

しないように、債務者の動きを止める必要がある。

　そこで、債権者が後日強制的に債権を回収するため、債務者の財産の現状を維持して、債務者の財産が散逸しないよう、暫定的な処分として「仮」に「処分の禁止」をかける手続が、仮差押えである（民事保全法20条等）。後日の強制執行を行ううえで必須の手続ではないが、債務者からの任意弁済や追加担保の提供が期待されず、財産の処分や隠匿が懸念される等、債務者との信頼関係が失われている場合には、財産への仮差押えを積極的に検討すべきである。仮差押えには、裁判所への申立手数料（2000円）のほか、仮差押えの目的物の金額に応じた担保の提供（後記ｃ）等が必要となることから、これらの費用を勘案し、申立てをするか検討することが求められる。

　なお、このように仮差押えは、財産の散逸を防ぐために行うものであるから、基本的には債務者に知られないよう秘密裡に手続を進める必要がある。

＞─○　**基本用語解説**

仮　処　分

　民事保全手続には、本文記載の「仮差押え」のほかに「仮処分」があり、その区別について理解しておく必要がある。「仮差押え」とは、金銭債権について強制執行を保全するため、債務者の財産を処分できないようにする手続である。これに対して、「仮処分」とは、金銭債権以外の

権利について強制執行の保全を図るものであり、①係争物に関する仮処分（民事保全法23条1項）と、②仮の地位を定める仮処分（同条2項）との2種類が認められている。

①係争物に関する仮処分とは、係争物に対する請求権について強制執行の保全を図るため、係争物の処分を制限し現状を固定する手続をいう。典型例としては、不動産の所有権が争われている場合に、登記名義を現状のままに固定して将来の不動産所有権移転登記請求権の執行を保全するため、当該不動産の処分禁止の仮処分を申し立てるものがあげられる。債権回収に関連するものとしては、たとえば、抵当建物の無断取壊しや抵当山林の不法伐採等の担保物件に対する侵害行為が行われている場合に、担保価値を維持するため、侵害行為の排除の仮処分を申し立てるものや、詐害行為によって財産が逸出した場合に、その財産の詐害行為取消しを行う前提として逸出した財産のさらなる移転を防ぐため、当該財産の取得者に対する処分禁止の仮処分を申し立てるものがあげられる。

②仮の地位を定める仮処分とは、争いがある権利について現実に生じている著しい損害または急迫の危険から債権者を保護するため、暫定的に権利関係に措置を講じる手続をいう。将来の執行の保全を目的とするのではなく、ある権利関係につき現在争いがあり、その争いの解決まで現状を放置しがたいときに利用される。争いの内容に応じてさまざまな仮処分が考えられ、たとえば、解雇の有効性が争

われている場合に、従業員から会社に対し、労働契約上の地位の保全を申し立てるものがあげられる。

b 仮差押えの申立ての要件

仮差押えの申立ては、管轄裁判所（本案の管轄裁判所または仮差押えすべき物の所在地を管轄する地方裁判所。民事保全法12条）に対して、所定の事項を記載した申立書および所定の添付書類を提出することにより行う。申立書においては、仮差押えの対象財産（不動産、動産、預金、有価証券、その他金銭債権等）を特定したうえで、申立ての趣旨として仮差押命令の発令を求める旨を記載するほか、①被保全権利（保全すべき権利または権利関係）と、②保全の必要性を明らかにし、これらを疎明する必要がある（民事保全法13条）。

(a) 被保全権利

仮差押えは、後日の金銭債権の強制執行を保全するものであるから、金銭債権または金銭債権にかえられる請求権を有している必要がある（民事保全法20条1項前段）。証書貸付や手形貸付による貸付債権や手形割引による手形債権等、金銭債権であれば何でも被保全権利となる。

(b) 保全の必要性

仮差押えは債務者の財産処分の自由を制限するものであるため、上記の金銭債権を有しているからといって、直ちに仮差押えが認められるわけではなく、仮差押えによって保全しておか

なければ将来の強制執行が不能または著しく困難になるおそれ
が生じている必要がある（民事保全法20条1項後段）。

　債務者による財産の売却・贈与、担保設定、隠匿等によって
責任財産が流出するおそれがあることが、これに当たる。具体
的には、債務者が期限の利益を喪失したこと、銀行が保全不足
の状況にあること、債務者の経済的破綻、行方不明、不誠実等
により、弁済や追加担保の提供が期待できずすみやかに財産を
保全する必要があること等の事情を総合的に示して、財産流出
のおそれを明らかにする必要がある。なお、債務者が所有不動
産を客観的に適正な価格で売却しようとしている場合、必ずし
も債務者の財産状態が悪化するわけではないとも考えられる
が、執行が容易な不動産から金銭（現金）にかわること自体、
責任財産の所在が明らかでなくなり消費されやすくなるため、
財産流出のおそれが認められる。

　また、保全の必要性の判断にあたっては、仮差押えが債務者
に過度な不利益を及ぼすものでないかという観点から、どの資
産を仮差押えの対象とするかも問題となる。たとえば、債務者
の所有する自宅・本社の不動産については、仮差押えを行った
だけでは債務者はその使用を禁止されるわけではないので、通
常は債務者の不利益は少ない。これに対して、取引先への売掛
債権、個人の給与債権、営業に不可欠な機械（動産）について
は、信用不安が第三者に知れたり、営業に支障を生じるなど、
一般に債務者の被る不利益は大きい。そのため、実務では、債
務者の自宅・本社の不動産の登記簿謄本を裁判所に提出するこ

とを要し、仮に当該不動産が債務者の所有で余剰価値があれば（すなわち、オーバーローンでなければ）、まずは当該不動産を差し押えるべきであるとされ、当該不動産を差し押えることなくそれ以外の資産に仮差押えを行うことは原則として認められない。

c　担保の提供

(a)　担保の意義

　仮差押えは、訴訟によって当事者間の権利義務関係が確定するのを待たずに暫定的に行われるものであるため、仮差押えが行われたものの、その後の訴訟では債権者が主張する債権の存在が否定されることもありうる。この場合、仮差押えを受けた者は、不当に制限を受けていたことになるため、債権者に対してこれにより生じた損害の賠償を請求することが可能である。こうした不当な仮差押えによる損害賠償に備えるため、裁判所は、仮差押命令の発令に際し、債権者に担保を立てさせ、あるいは相当と認める一定の期間内に担保を立てることを保全執行実施の条件とすることができる（民事保全法14条1項）。実務では、きわめて少ない例外を除き、ほぼ全件において担保を立てさせてから発令する取扱いとなっている。

　最終的に、訴訟において債権者の全部勝訴の判決が確定した場合、債務者の同意を得た場合、または債務者に対して催告を行ったが催告期間内に不当執行による損害賠償請求権の権利行使がなかった場合には、債権者は、裁判所の担保取消手続を経

て担保を取り戻すことはできる。

(b) 担保の額

担保の額は、債務者に生ずべき損害の想定額であるが、当該事件の具体的な事情を考慮して、その事件の担保として妥当な金額を裁判所が決定する。

一般論としていえば、保全命令の種類と態様、被保全権利の内容と価額、目的物の種類と価額等が考慮され、そのうえで、被保全権利の性質や債務者の職業・財産・信用状態等を検討し、さらには疎明の程度（疎明資料の信用度の程度等）等の事情が斟酌される。

あくまで具体的な事案での裁判所の判断であるし、担保額の算定基準は公表されていないが、図表8－2の基準が一応の目安になる。

図表8－2　仮差押えの担保基準

（単位：目的物の価額に対するパーセント）

目的物／被保全債権	動産	不動産	債権		
			預金給料	敷金・保証金預託金供託金	その他
手形金・小切手金	10〜25	10〜20	10〜25	10〜20	10〜25
貸金・賃料売買代金その他	10〜30	10〜25	10〜30	10〜25	10〜30

（出所）　司法研修所編「改訂民事保全（補正版）」29頁

(c) 担保の提供方法

担保の提供方法は、担保提供を命じた裁判所の所在地を管轄する地方裁判所の管轄区域内の供託所（法務局）に対する金銭等の供託（民事保全法4条1項）、または、他の銀行等との間で支払保証委託契約（いわゆるボンド契約）を締結する方法（民事保全法4条、民事保全規則2条）である。

d　仮差押命令の発令

裁判所の審理の結果、仮差押命令を発令する要件を備えており、必要な担保の提供がなされた場合には、裁判所は、仮差押命令を発令する。

仮差押命令においては、債務者が仮差押えの執行の停止や取消しを得るために供託すべき「仮差押解放金」の額を定めなければならない（民事保全法22条1項）。仮差押解放金の額は、原則として目的物の価額が基準となるが、目的物の価額より被担保債権額が低い場合は、被担保債権額が基準となる。

e　仮差押えの執行

仮差押えの執行の方法は、財産の種別ごとに大要図表8－3のとおりである。

f　仮差押えの効力

仮差押えの効力は、上記eで述べた執行方法によって仮差押命令の執行が完了したときに生じる。たとえば、不動産に対す

図表 8 - 3　仮差押えの執行の方法

財産の種別	執行機関	執行の方法
不動産	裁判所	原則として、仮差押えの登記
動産	執行官	執行官による目的物の占有
債権、その他の財産権	裁判所	仮差押命令の第三債務者（被差押権利の債務者）に対する送達

る仮差押えは、仮差押えの登記がなされたときに効力を生じる。

　債務者の財産の散逸を防ぐ観点からは、仮差押えの効力が生じるまでは債務者に仮差押えの申立ての事実を告げることがあってはならない。なお、仮差押命令の決定正本は裁判所から当事者に送達するものとされているところ（民事保全法17条）、債務者に対する送達については、不動産の仮差押えの場合は裁判所から法務局に仮差押えの登記の嘱託を行った後に、債権の仮差押えの場合は第三債務者への仮差押命令の決定正本の送達を行った後に、それぞれ行われる。

　仮差押えは、債務者が自分の資産を処分（売却等）できなくなる点では差押えと同じであるが、将来の強制執行を保全するための暫定的な処分として行われるものであるから、その後の換価まではされない（別途、強制執行の手続が必要となる）。債務者がその仮差押命令に違反して行った処分行為等は、仮差押債権者に対しては対抗できず、債権者が後日、債務名義を取得して強制執行（本執行）を行う際には、仮差押命令に違反する

処分行為等はなかったものとして執行可能である。

　なお、仮差押えは暫定的な手続であることから、仮差押えを受けた債務者は、債権者に対して本案の訴え（被保全権利の支払を求める訴え）を提起するように求める（起訴命令の申立て）ことができ、起訴命令を受けて所定の期間内に訴えを提起しないと、仮差押えは取り消される（民事保全法37条１項から３項）。

(2)　判決等の債務名義の取得

　差押え（強制執行）により具体的な債権回収の実現を図る場合には、債権者が債務名義を取得することが必要となる。債務名義とは、債権者が債務者に対して債権をもっていること（債権の存在）を裁判所等の国家機関が公的に証明した文書のことである。

a　債務名義の種類

　主な債務名義の種類は、次のとおりである（民事執行法22条）。
【主な債務名義の種類】
① 　確定判決（訴訟で勝訴して、その判決が確定したもの）
② 　仮執行宣言付判決（確定前であるが仮執行宣言が付された判決）
③ 　仮執行宣言付支払督促（民事訴訟法に基づき裁判所が発する督促）
④ 　執行証書（強制執行認諾文言入りの貸付契約や債務弁済契約を、公正証書で締結したもの等）

⑤　確定判決と同一の効力を有するもの（裁判上の和解や調停
　　手続のなかで金銭の給付が義務づけられた場合における和解調
　　書・調停調書等）

b　債務名義の取得

　上記のうち④以外は、民事裁判を通じて得られる債務名義で
ある。民事裁判を申し立てる場合でも、相手方の態度、債権の
種類、債権の額等によって、どの裁判所や裁判制度を利用する
かを検討する必要がある。

　裁判制度には、支払督促、通常の民事訴訟、少額訴訟、手形
訴訟、民事調停等がある。少額訴訟とは、少額（60万円以下）
の金銭の支払を求める訴えについて、原則として1回の審理で
和解ないし判決による解決を図る簡易迅速な手続である。手形
訴訟とは、手形・小切手による支払請求について、原則として
1回の書面審理で判決による解決を図る簡易迅速な手続であ
る。民事調停とは、調停委員会が当事者の間に立って互譲によ
る解決を図る手続である。

　実務上は、支払督促と通常の民事訴訟が多く利用されている
ので、以下では、この2つについて説明する。

ⓐ　支払督促

　支払督促とは、債務者に対して金銭の支払等を求める内容
の、簡易・迅速で費用の安い特別の訴訟手続である。

　支払督促は、債務者の住所地を管轄する簡易裁判所に申し立
てる（民事訴訟法383条1項）。裁判所への申立手数料は、通常

の民事訴訟の半額である。債権者の申立書類のみに基づいて、裁判所書記官が「請求の趣旨記載の金額を債権者に支払え」という支払督促を発付し債務者に送達するため、債権者は法廷に出頭する必要がない。

債務者が、支払督促の送達の日から2週間以内に、裁判所に対して異議の申立てをすると、通常の民事訴訟に移行する（同法390条、393条、395条）。債務者から異議の申立てがなければ、裁判所書記官の仮執行の宣言によって支払督促は執行力を具備し、債権者は、この仮執行宣言付支払督促を債務名義として、強制執行の手続をとることができる。

注意すべき点もある。支払督促は、公示送達の方法によることができず（同法382条但書）、債務者の住所、居所、営業所もしくは事務所または就業場所での送達ができない場合には、支払督促の申立ては取り下げとなる（同法388条3項）。また、債務者からの異議申立てにより通常の訴訟に移行した場合には、支払督促の手続を経ている時間分だけ、債務名義取得にかえって時間がかかることになる。さらに、異議申立てによる移行後の通常訴訟は、債務者の住所地を管轄する裁判所に係属するため、債務者の所在地が遠方であるような場合には、交通費や日当により弁護士費用・報酬が割高となったり、裁判の進行に手間を要することもある（支払督促ではなく初めから通常訴訟を選択すれば、債権者に都合のよい裁判所へ訴訟を提起することができる場合もある）。債務を争う余地がない事案においても、債務者はとりあえず異議を出すということが多く、軽々に支払督促手

続を選択し、その後に通常裁判手続に移行して思わぬ負担を生じることになったという例は珍しくないので、注意を要する。

　(b)　通常の民事訴訟

　支払督促等の簡易な訴訟を利用できない場合や利用することが妥当ではない場合は、通常の民事訴訟を提起することとなる。その際には、①土地管轄（どの地にある裁判所に訴えを提起すべきかという問題）と、②事物管轄（最初に訴えを提起すべき裁判所が地方裁判所か簡易裁判所かという問題）とを確認する必要がある。

　①土地管轄は、原則として、被告（債務者）の住所地を管轄する裁判所にある（民事訴訟法４条１項。普通裁判籍）。その他、財産上の訴え等についての特則として、義務履行地や、手形・小切手については手形・小切手の支払地を管轄する裁判所にも土地管轄が認められる（民事訴訟法５条１号・２号。特別裁判籍）。実務上は、金銭消費貸借契約書や銀行取引約定書において、債権者の本店等の所在地を管轄する裁判所を管轄裁判所とする旨が規定されており、かかる合意による土地管轄も原則として認められる（民事訴訟法11条。合意管轄）。

　②事物管轄は、原則として、請求金額が140万円を超えるときは地方裁判所、140万円以下のときは簡易裁判所である（裁判所法33条１項１号）。

　民事訴訟を提起するには、請求の趣旨および原因等を記載した訴状を管轄裁判所に提出する（民事訴訟法134条）。管轄裁判所は、訴状の形式要件を審査したうえで、第１回期日を指定

236

し、被告に訴状を送達する（同法138条）。送達は、原則として、被告の住所、居所、営業所もしくは事務所または就業場所において、日本郵便株式会社の職員が交付することによって行う（同法99条、101条、103条）。債務者が行方をくらましている場合には、所在調査を行ったうえで、付郵便送達（同法107条。住居所は判明しているが交付送達が完了しないため、発送の時に送達があったとみなす方法）や公示送達（同法110条。所在不明であるため、裁判所の掲示場に2週間掲示すること等により送達があったとみなす方法）によって送達を行うことができないか、検討することになる（なお、今後、民事訴訟制度のIT化として、送達のオンライン化やホームページへの掲示による公示送達の導入が予定・想定されている）。

被告が答弁書で請求を認諾した場合、または、第1回期日に答弁書を提出することなく欠席することによって擬制自白が成立した場合（同法159条。ただし、被告に対する送達が公示送達により行われた場合は擬制自白は成立しない）には、証拠調べを行うことなくすみやかに請求認容の判決が下される。

被告が答弁書で請求を争う場合には、1〜2カ月に1回程度のペースで期日が開かれ、双方から準備書面と書証を提出して主張・立証を行っていく。そのうえで、必要に応じて本人または証人の尋問が行われ、口頭弁論が終結されたうえで、判決言渡期日が指定される。請求認容判決が下され、その判決正本が被告に送達された日の翌日から2週間以内に裁判所に対する上訴がなされなければ、判決は確定し、債務名義となる（民事執

行法22条1号）。判決において「この判決は、仮に執行することができる」旨の仮執行宣言が付されていれば、確定を待たずして仮執行宣言付判決として債務名義となるが（民事執行法22条2号）、債務者は上訴とともに執行停止を申し立てることができる（民事訴訟法403条1項）。

　なお、訴訟中であっても、被告からの分割弁済の申出等により、和解協議が行われることはありうる。和解条件が整った場合、裁判外で和解を行って訴えを取り下げると債務名義とならないが、裁判上で和解を行えば、和解条項が記載された和解調書が作成され、確定判決と同一の効力を有するものとして債務名義となる（民事訴訟法267条、民事執行法22条7号）。このように、債務名義となる以上、和解調書に記載される和解条項は、債務者による給付の内容が執行機関により明確に判定できる程度に明確な文章でなければならない。

（3）　強制執行（差押え、強制競売等）

a　強制執行の意義

　強制執行とは、債務者が債務を返済できない場合に、債権者の申立てにより、国家機関（裁判所・執行官）が債務者の財産を差し押え、強制競売等により強制的に換価して、その代り金で債権者が債権を回収する法的な手続である。

　金銭債権の強制執行は、不動産強制管理を除き、いずれも、①債権者の申立て→②差押え→③強制換価→④配当等の実施と

いう共通の流れとなる。

b　強制執行の申立ての要件

　強制執行を申し立てるには、原則として、①債務名義の取得、②執行文の付与、③送達証明書の添付という3つの要件を満たす必要がある。

　①強制執行は、債務名義の正本に基づいて実施する（民事執行法25条本文）。

　②執行文とは、債務名義に記載された請求権が、特定の債務者に対して執行できるものであることを公証する文言をいう。債務名義が確定判決、和解調書、調停調書である場合には裁判所で、執行証書である場合には公証人役場で、債務名義の正本の末尾に「債権者甲は、債務者乙に対し、この債務名義により強制執行をすることができる」旨を付記する方法により、執行文の付与を受ける（民事執行法26条）。少額訴訟の確定判決や仮執行宣言付支払督促については、執行文の付与は不要である（民事執行法25条但書）。

　③送達証明書は、債務名義が債務者に送達されていることの証明書であり、裁判所や公証役場に申請して入手したものを申立書に添付する必要がある（民事執行法29条）。

c　強制執行の対象財産の選択

　債務者の財産が差し押えられると、財産の種類に応じて、裁判所によって大要図表8－4の「差押え」と「換価」の手続が

図表 8 - 4　強制執行の対象となる財産

財産の種別	差押えの手続	換価の方法
不動産	差押えの登記がなされる	裁判所による競売
動産	執行官の占有 または　差押えの表示	裁判所による競売
債権、その他の財産権	第三債務者への差押命令の送達	差押債権者が第三債務者から直接取り立てるまたは、転付命令

とられ、債務者は自分の財産の処分（売却等）ができなくなり、強制競売等によって換価され回収に充てられる。

　強制執行の対象となる財産は、大きく図表8－4の3種類に区分することができる。

　強制執行手続では、必ずしも申立てをした債権者が優先的・独占的に配当を受けられるわけでない。すなわち、①対抗要件を具備する担保権者がいれば、当該担保権者に対して優先的に配当がなされる（なお、差押債権者に対する配当が見込まれないようであれば、強制競売手続は無剰余取消しとなる）。また、②その他の一般債権者が、独自の差押え（二重差押え）や配当要求（すでに開始されている執行手続において、差押債権者以外の債権者が執行裁判所に対して配当等を求めて参加すること）をすれば、各債権者の債権額に応じて平等に配当がなされる。

　もっとも、配当要求の資格や終期については厳格な制限があるため、他の債権者にとっては執行への参加が容易でないこともある。たとえば、配当要求を行うことができるのは、執行力

のある債務名義の正本を有する債権者等に限られる（民事執行法51条1項、154条1項等）。また、債権に対する差押えでは、債務者に差押命令が送達されて1週間が経過し、差押債権者が第三債務者から差押債権の取立てを完了したり、第三債務者が供託をしたりした後は、他の債権者の申立てによる差押えがされても、二重差押えによる執行競合は生じないし、また他の債権者は配当要求をすることもできない（民事執行法155条1項・3項、165条）。

債権者は、債務者の財産を調査したうえで、目的財産の余剰価値、他の債権者から競合や配当要求がされる可能性等を考慮し、強制執行の目的財産を選択する。実務上は、余剰価値を見込むことのできる不動産や預金債権等があれば、それに対する強制執行がされることが多い。

なお、現実には、債務者の財産をどのように把握するかが問題となるが、令和元年の民事執行法改正により財産開示手続の改正および第三者からの情報取得手続（民事執行法204条以下）の新設が行われた点については後述する（後記g）。

以下、財産の種類ごとに、強制執行の手続を述べる。

d　不動産執行

不動産に対する強制執行（不動産執行）には、不動産強制競売と不動産強制管理の方法がある（民事執行法43条1項）。

不動産強制競売は、執行裁判所が債務者の不動産を売却し、その代金を配当して債務の弁済に充てる執行手続である。不動

産強制競売の手続は、不動産担保（抵当権）の実行としての競売手続（第5章2⑵a）とほぼ同様である。

　不動産強制管理は、不動産から生じる収益（賃料等）を管理人に換価・取立てさせ、その収益をもって債務の弁済に充てる執行手続である。しかしながら、不動産担保の実行としての担保不動産収益執行（第5章2⑵c）と同様、手続コストがかかるため、通常は強制競売手続を選択することになるだろう（強制管理に向く建物としては、収益力の大きな不動産（賃貸ビル・マンション等）、借地権の譲渡が困難な借地上の建物、即時の売却によっては剰余の見込まれない不動産（将来の値上りを期待して当面強制管理をする場合）が考えられる）。

　強制競売手続の申立てには、裁判所への申立手数料（4000円）のほか、請求債権額に応じた予納金（数十万円以上）や差押登記に必要な登録免許税相当額の納付が必要となることから、強制競売の申立てが費用倒れとならないか検討することが求められる。

e　動産執行

　動産執行は、債務者の有する現金、衣服、宝飾品、貴金属、家具、絵画、機械類、在庫商品その他の動産を差し押え、これを換価し、その代金を債務の弁済に充てる執行手続である。

　中古の衣服や家具が高価に売却処分されることはあまり期待できないし、事業用の機械類等についても第三者の所有権留保の対象となっていることも多く、動産執行により多額の回収に

つながる例は必ずしも多くないが、これはと思われる動産の存在が見込まれる場合のほか、債務者が不誠実な対応を繰り返しているような場合等に、動産執行を申し立てることになろう。

　(a)　申立ての方法

　動産執行の申立ては、所定の事項のほか、差し押えるべき動産が所在する場所を申立書に記載し、差し押えるべき動産の所在地の執行官に対して（執行官法4条、民事執行規則101条）提出する。不動産や債権に対する執行とは異なり、対象となるべき動産を特定して申し立てる必要はない。動産執行の申立てには、裁判所への申立手数料（4000円）のほか、請求債権額に応じた予納金（数万円程度）の納付が必要となる。

　(b)　差押えの方法

　差押えは、執行官が債務者の占有する動産または債権者もしくは提出を拒まない第三者が占有する動産の占有を取り上げて、自らが占有することにより行われる（民事執行法123条1項、124条）。執行の日時については執行官と打ち合わせて決めるが、債務者が不在である場合には、開錠技術者を呼んで時間と費用をかけてドアを開錠することになるため（民事執行法123条2項）、基本的には債務者がいる時間帯を狙うことになる。

　執行官は、執行場所へ立ち入り、自由な裁量によってそこに存在する動産のなかから妥当と考える物件を適宜差し押える。ただし、債務者の生活維持等の観点から、債務者等の生活に欠くことができない衣服、寝具、家具、台所用具、畳、建具、債務者等の1月間の生活に必要な食料および燃料、債務者が個人

事業主である場合における業務に欠くことのできない器具等は、差押禁止動産とされている（民事執行法131条）。金銭についても、債務者が自然人である場合には、標準的な世帯の2カ月の必要生計費として定められている額（66万円）は差押禁止動産とされている（同条3号、民事執行法施行令1条）。

また、差し押えるべき動産の売得金の額が手続費用の額を超える見込みがないときは、執行官は、差押えをしてはならず、売却の見込みがない差押物は、差押えを取り消すことができるとされている（民事執行法129条1項、130条。無剰余差押えの禁止）。

執行官は、運搬が困難であったり保管に多額の費用を要するなど相当と認めるときは、差押物をそれまで占有していた債務者または第三者に保管させることができ、この場合においては、差押物に封印その他の方法で差押えの表示をしたときに限り、差押えの効力を生ずる（民事執行法123条3項、124条）。実務では、金銭、貴金属、有価証券等の価値の消耗や執行免脱の危険性があるものを除き、差押物を債務者の保管に委ねる場合が多い。いわゆる、赤紙を貼るということではあるが、実際には、それほど目立った掲示をすることは少ないようである。保管を委ねられた債務者が封印等を破棄すると、封印等破棄罪（刑法96条）に問われる。

また、執行官は、相当と認めるときは、差押債権者または差押物をそれまで占有していなかった第三者に保管させることができる（民事執行規則104条1項）。この第三者の例としては、

差押物が在庫商品としての生鮮食料品である場合に、これを保管させる倉庫業者があげられる。

(c) 差押えの効力（処分禁止効）

差押えがなされると、債務者はその動産に対する収益および処分権能を失う。債務者が保管中の差押物を処分しても、その処分は差押債権者等に対して、その効力を対抗できない。

(d) 強制換価

執行官は、入札または競り売りにより差押物を売却する（民事執行法134条）。また、執行官は、動産の種類・数量等の考慮により相当と認めるときは、執行裁判所の許可を受けて、入札、競り売り以外の随意の方法（随意契約、陳列販売等）で差押物を売却したり、執行官以外の者に売却を委託したりすることもできる（同条、民事執行規則121条、122条）。

実務では、多くが競り売りの方法によっているが、実際に競り売りに参加する者は少ないから、これを競り落とすのは、差押債権者自身か債務者の関係者であることが多い。

(e) 配　　当

債権者が1人である場合、または債権者が2人以上であっても売得金で各債権者の債権および執行費用の全額を弁済することができる場合には、執行官から債権者に対して弁済金の交付がなされる（民事執行法139条1項・2項・4項）。

これに対して、債権者が2人以上いる場合であって、売得金で各債権者の債権および執行費用の全額を弁済することができない場合には、配当の手続が行われる。配当について債権者間

で協議が調った場合には執行官が簡易な配当を行うが（民事執行法139条2項）、そうでなければ執行裁判所による配当手続がなされる（民事執行法142条1項）。この場合の配当等は、不動産の強制執行における配当等の手続に準じた手続でなされる（同条2項）。

f 債権執行

債権執行は、債務者の第三債務者に対する債権を差し押え、これを換価して債務者の債務の弁済に充てる執行手続である。

現代社会においては、信用取引・金融取引を積み重ねることで社会経済活動が行われており、それによって生まれる債権は債権回収にとって重要な財産である。他方、債権は目にみえない観念的な存在であり、どのようにして対象を把握し特定するかが問題となること、また、回収可能性は第三債務者の信用状態や反対債権の有無等に依存することといった、債権執行ならではの課題もある。

(a) 債権執行の対象

債権執行の対象は、基本的には金銭債権である（なお、民事執行法143条では、金銭債権のほかに船舶または動産の引渡請求権についても債権執行の対象とされており、たとえば、債務者が契約している貸金庫の内容物に対する執行については、動産の引渡請求権に対する差押えの方法によることがある。以下では、基本的に金銭債権に対する執行を念頭に置く）。

典型的には、債務者の預貯金債権があげられるが、当該金融

機関も債務者に対して貸付金債権等を有していれば、相殺によって当該金融機関が優先するので回収は期待できない。また、差押えを受けたとしても、その対象債権が原因となる契約関係等によって規律されていることに変わりはないから、たとえば、請負代金債権を差し押えても、債務者による請負業務が完了しない限りは取り立てることはできない可能性がある。給料・賞与といった給与債権等も対象となりうるが、債務者の生活維持のため、支払期に受けるべき給付の4分の3に相当する部分（ただし、上記給付額が月額44万円を超えるときは一律33万円）は、差し押えることができない（差押禁止債権。民事執行法152条1項）。退職手当についても、その給付の4分の3に相当する部分は、差し押えてはならない（同条2項）とされている。これに対して、役員報酬や議会の議員歳費は、これらの差押禁止の対象とはならない。

(b) 申立ての方法

　債権執行の申立ては、所定の事項を記載した債権差押命令申立書および所定の添付書類を、執行裁判所に提出する。管轄執行裁判所は、第一次的には、債務者の普通裁判籍所在地（原則として債務者の住所地）を管轄する地方裁判所であり、その普通裁判籍がないときは第二次的には差押債権の所在地（原則として第三債務者の普通裁判籍所在地）を管轄する地方裁判所である（民事執行法144条）。なお、少額訴訟（前記2(2)b）における確定判決等に基づく債権執行については、軽微な事件を簡易迅速に解決するという趣旨から「少額訴訟債権執行」制度が設け

られており、簡易裁判所の裁判所書記官に対して執行を申し立てることができる（同法167条の２から14まで）。

　申立てに際しては、請求債権のほか、被差押債権を特定する必要がある。預金債権を差し押える場合、銀行は支店ごとに勘定が独立していることが多いことから、債務者が口座を開設している支店名を特定したうえ、当該支店にある債務者名義の預金口座のなかから、他の差押えの有無や預金の種類等によって優先順位を付けて申し立てるのが通例である。売掛債権、賃料債権、請負代金債権等を差し押える場合、債権者としては、債務者と第三債務者との間の取引の詳細を了知していないことが多く、正確な契約の名称まで特定することは困難であるが、少なくとも、契約の種類、時期、契約の目的とされた物や仕事の種類・内容、弁済期等により、他の債権と区別できる程度に特定する必要がある。

　なお、差押債権者は、差押申立時点では、差押えを申し立てた債権が存在するのか、実際に支払ってもらえるのかがわからないことが多いので、差押えの申立てとあわせて、第三債務者に対し、差押命令の送達の日から２週間以内に差押えに係る債権の存否等について陳述すべき旨の催告を申し立てることができる（第三債務者の陳述催告。民事執行法147条１項）。

　債権執行の申立てには、裁判所への申立手数料（4000円）の納付が必要となる。

陳述催告

　陳述催告とは、第三債務者に対して、差押えの対象となっている債権が存在するか、存在するとして金額はいくらか、支払う意思はあるか、等について回答を求めることをいう。

　預金債権や売掛債権等を差し押えても、第三債務者がすでに支払った後であったり、相殺の主張をされることもあるため、陳述催告によって第三債務者にあらかじめ回答を求めることにより、時間や労力の無駄を防ぐことができる。

　第三債務者が、故意または過失により、陳述をしなかったとき、または不実の陳述をしたときは、これによって生じた損害を賠償する責任を負う（民事執行法147条2項）。

　実務上は、裁判所書記官が第三債務者に対して差押命令正本を郵送で送達する際に、陳述催告の催告書や陳述書用紙を同封する扱いがなされている。

(c)　差押えの方法

　債権に対する強制執行は、執行裁判所の差押命令により開始する（民事執行法143条）。執行裁判所は、差押命令により、債務者に対し債権の取立てその他の処分を禁止し、かつ、第三債務者に対し債務者への弁済を禁止する（民事執行法145条1項）。

差押命令は、執行裁判所から債務者および第三債務者に送達され、第三債務者への送達があった時に差押えの効力が生ずる（同条3項・5項）。

(d)　差押えの効力

債務者は、対象とされた差押債権の取立てはもちろん、譲渡、放棄、免除、相殺、期限猶予等の処分は許されなくなり、これに抵触する処分をしても差押手続に参加する債権者に対抗できない。

第三債務者は、債務者への弁済は許されなくなり、これに抵触して弁済しても差押債権者への二重払いを免れない。他方、第三債務者が差押えの時点で債務者に対して有していた抗弁事由は、差押債権者に対しても対抗できるので、債務者に対する反対債権があれば相殺できるし、期限の未到来や条件の不成就も主張することができる。

(e)　換　　価

金銭債権の換価は、原則として、差押債権者が自ら取り立てることにより行われる。すなわち、金銭債権を差し押えた債権者は、債務者に対して差押命令が送達された日から1週間を経過したときは、その債権を取り立てることができ（民事執行法155条1項）、自ら直接回収に充てることができる。

第三債務者は、差押債権者から取立てがなされないこと等による不安定な地位を免れるため、差押えに係る金銭債権の全額を債務の履行地の供託所に供託して、当該債務の免責を得ることができる（権利供託。民事執行法156条1項）。供託がなされた

場合、執行裁判所により、差押債権者のために弁済金の交付手続がとられる。第三債務者が理由なく任意の支払に応じず、供託もしようとしない場合、債権者は、裁判所に取立訴訟を提起することができる。取立訴訟を提起し、その訴状が第三債務者に送達された時以降は、他の債権者は当該差押債権の執行に参加して配当を受けることができなくなるという効果を生ずるため（民事執行法165条2号）、他の債権者からの差押えや配当要求が想定されるようであれば、すみやかに取立訴訟の提起も検討すべきである。

　なお、差押債権者は、執行裁判所に申し立てて、支払にかえて券面額で差し押えられた金銭債権を差押債権者に転付する命令（転付命令）を発してもらうこともできる（民事執行法159条1項）。

転付命令

　転付命令とは、債権を差し押える手続の一種であるが、債務者の第三債務者に対する差押債権を、いわば代物弁済として、差押債権の券面額により債務の弁済にかえて債権者に移転する裁判所の決定をいう（民事執行法159条、160条）。債務者の有する金銭債権を差し押えたにとどまる場合には、差押債権者は、債務者の有する金銭債権を債務者にかわって取り立てることになるのに対し、転付命令を得

た場合は、差し押えた金銭債権自体が債務者から差押債権者に移転する。

　転付命令は、確定すると他の債権者が強制執行の手続に参加することができなくなり、差押債権を独占的に取得することができる（他の債権者との按分配当にならない）という長所があるが、他方で、差押債権の券面額で弁済されたものとみなされるため、第三債務者の資力がない場合には、回収できなかった分をさらに債務者の他の財産から回収することはできなくなるという短所がある。そのため、第三債務者が大手企業である等その資力が十分な場合には転付命令の申立てを検討し、そうでない場合には差押命令の申立てを行うにとどまることが多いと思われる。

(f)　配　　当

　上記のように、債権執行においては、原則として、差押債権者が第三債務者から直接取り立てることにより換価が行われるが、一定の時期までに他の債権者との競合が生じれば、公平な弁済を実現するために執行裁判所による配当手続が行われる。

　すなわち、差押債権者による取立ての完了時、第三債務者による供託時、取立訴訟の訴状が第三債務者に送達された時までに、他の債権者から差押債権に対する重複差押えがあった場合や債務名義を有する他の債権者から配当要求があった場合には、第三債務者は差押債権の全額を債務の履行地の供託所に供託する義務を負う（義務供託。民事執行法156条2項）。そして、

当該供託金および供託利息によっては各債権者の債権および執行費用の全部を弁済することができない場合、執行裁判所により、債権額に応じた按分弁済を実現するための配当手続が行われる（民事執行法166条1項）。

この配当等の実施の手続には、不動産強制競売の配当等の手続が準用される（同条2項）。

暗号資産に対する強制執行

近年、暗号資産の流通が活発化し、取引量も増加傾向にあり、その財産的価値が注目されているが、債務者が暗号資産を保有している場合、どのようにして暗号資産に対する強制執行をすることができるのだろうか。

暗号資産とは、インターネットを通じて、不特定多数の間で商品等の対価として使用したり、移転したりできる電子的価値（トークン）をいう。かつては仮想通貨とも呼ばれたが、通貨そのものではない。代表例としては、ビットコインやイーサリアムがあげられる。

暗号資産は、資金決済法に基づき登録を受けた暗号資産交換業者を通じて購入や売却をすることができる。暗号資産保有者は、暗号資産交換業者との間で、暗号資産の売買や購入後の暗号資産の管理等を行うことを内容とする契約を締結し、当該契約に基づき、暗号資産交換業者に対して

暗号資産移転（返還）請求権を取得することになる。

　債務者の有する暗号資産から回収を図る際には、上述の契約実態をふまえ、暗号資産そのものではなく、上記暗号資産移転請求権を「その他の財産権」（民事執行法167条）として強制執行を申し立てるケースが実務上多いとされる。

　「その他の財産権」に対する強制執行は債権執行の例により行われるので、暗号資産移転請求権に対する差押命令では、債務者である暗号資産保有者に対して暗号資産移転請求権の権利行使その他のいっさいの処分を禁止する旨が、第三債務者である暗号資産交換業者に対して債務者の権利行使に応じてはならない旨が、それぞれ命じられる。差押命令の送達を受けた暗号資産交換業者は、暗号資産の移転等を防ぐために債務者である暗号資産保有者との利用規約等に従いサービスを停止することになろう。

　換価手続については、暗号資産交換業者が定める利用規約において、差押えがなされた場合には差押命令送達時点の取引価格または約定価格による買取りや売却が行われる旨が規定されている場合には、当該規約に従って任意に換価された金銭を暗号資産交換業者から取り立てることになる。他方、利用規約に換価手続が定められておらず、任意の換価が行われた場合、債権者は執行裁判所に対して第三債務者に対する売却命令（民事執行法161条、167条）の申立てを行うことにより回収を図ることになる。第三債務者が

売却命令に従って暗号資産を直ちに売却しまたは自ら買い取り、売得金を執行裁判所に提出すると、執行裁判所は、債権者に対する弁済金の交付または配当の手続を行う。

なお、ブロックチェーン技術を用いたものとしては、最近ではアート等のNFT（Non-Fungible Token）の取引も活発となっている。このような新たなデジタル資産の登場に応じて、どのような方法で回収が可能か検討し、事例を積み重ねていくことが肝要である。

g　債務者の財産状況の調査

債権者が強制執行を申し立てるためには、差し押える債務者の財産を執行可能な程度に特定しなければならない。しかし、債権者が債務者の財産に関する情報を取得することは容易ではなく、判決等により債務名義を取得するにまで至ったにもかかわらず、差押えに資する債務者の財産の情報を十分に把握できないことにより、強制執行による十分な債権回収を図ることができないことが問題とされていた。

このような問題に対応するため、平成15年の民事執行法改正により財産開示手続（民事執行法196条以下）が新設されたが、これまで利用件数が低迷しており、権利実現の実効性が十分ではないと指摘されていた。そこで、債務者の財産状況調査の実効性を高めるために、令和元年の民事執行法改正により後述のとおり財産開示手続の改正および第三者からの情報取得手続

（民事執行法204条以下）の新設が行われている。

　(a)　財産開示手続

　財産開示手続とは、執行力のある債務名義を有する債権者の申立てにより、裁判所が実施決定をして債務者を呼び出し、財産の状況について陳述させることで債務者の責任財産を明らかにする手続をいう。

　財産開示手続は、上述のとおりこれまで利用件数が低調であり、その実効性が十分ではないと指摘されていた。そこで、令和元年の民事執行法改正により、これまで申立権者から除外されていた仮執行宣言付判決、執行証書、確定判決と同一の効力を有する支払督促等を有する債権者にも申立てを認めることになり、その結果、債務名義を有する債権者であれば申立権が認められることとなった。また、債務者不出頭による財産開示の不奏功を防ぐべく、財産開示期日に出頭しない債務者に対する罰則も強化された（過料であったのが、6カ月以下の懲役または50万円以下の罰金となった）。こうした改正を受けて、財産開示の新規受付件数は、それまで全国で年間数百件にとどまっていたのが、令和3年には8156件、令和4年には1万5354件と大幅に利用が増加している。

　財産開示の申立ては、債務名義の正本が債務者に送達されているなど執行開始の要件が備わっていることに加え（民事執行法197条1項但書）、6カ月以内に実施された強制執行等で完全な弁済を受けられなかったこと、または知れている財産に対する担保権実行を実施しても完全な弁済を受けられないとの疎明

が必要となる（同項1号・2号）。

申立てが行われると、東京地裁民事執行センターでは、通常、財産開示の実施決定確定日から1カ月ほど後に財産開示期日が指定される。また、財産開示期日の10日ほど前に財産目録の提出期限を指定されるため、開示義務者（債務者）は、当該期限までに裁判所に対して自身の財産目録を作成して提出する。

財産開示期日には、申立人および開示義務者が出頭し、開示義務者は、宣誓のうえで、債務者の財産について陳述する（民事執行法199条1項）。また、申立人は、裁判所の許可を得て開示義務者に対して質問をすることもできる（民事執行法199条2項）。

(b)　第三者からの情報取得手続

第三者からの情報取得手続は、執行力のある債務名義を有する債権者の申立てにより、裁判所が第三者（銀行、登記所等）に対して、債務者の預貯金、不動産等に関する情報の提供を命ずる決定をし、当該第三者が裁判所に対して情報の提供を行う手続である。情報提供の対象は、強制執行のために取得する必要性が類型的に高い、不動産、預貯金債権、振替社債および給与債権に関する情報である。なお、給与債権の情報提供の申立ては、養育費・婚姻費用等の支払請求権、人の生命・身体への侵害を理由とする損害賠償請求権を有する者に限り認められている。

不動産については債務者が所有権を有するものとして登記さ

れている土地・建物の所在地や家屋番号に関する情報、預貯金債権については債務者の保有する預貯金口座の支店名、口座番号、預金残高に関する情報、振替社債については債務者名義の上場株式・国債等の銘柄、保有数に関する情報、給与債権については債務者の勤務先に関する情報が開示対象となる。

第三者による情報提供を申し立てる場合も、財産開示手続の場合と同様、情報提供申立て前に強制執行を行い、それが不奏功等であったこと等が必要となる。これに加えて不動産および給与債権については、情報提供の申立て前3年以内に財産開示期日における手続が実施されたことも必要である。

なお、東京地裁民事執行センターにおいては、情報提供命令が送達されてから2週間以内をメドに回答するよう第三者に協力を求めており、第三者からの情報提供書が提出されてから1カ月を過ぎてから債務者に対して情報提供命令の写しとともに情報提供が実施された旨の通知がされる。

3 不当な資産流出への対抗手段

CASE

　債権者は、取引先であるA社に債権を有しているが、A社は、秋頃から業績が悪化し、債務免脱のため債務のみを残して優良な事業を相当の対価を得ずにB社に事業譲渡をした。P銀行としては、どのような対応をすべきか。

　従前から、業況の悪化した債務者が、既存の債務の履行を免れるため、親族や知人に対して、個別の財産を贈与したり、廉価で売買するといった事例がみられた。

　さらに、平成20年前後から、事業譲渡や会社分割等の会社法上の手法を用いて、旧会社に業績が悪化した事業や負債を残し、優良な事業や資産をまとめて新会社に移すことで、既存の債務の履行を免れようという行為も頻繁にみられるようになった。譲渡や会社分割による承継の対象とされなかった債権者は、会社法上の債権者保護手続（異議を申し出た債権者に対して弁済や担保提供を行う手続）の対象ともされておらず、旧会社の財産から弁済を受けることになるが、譲渡対価・分割対価がきわめて低かったり、換価困難なものであったりする場合には、債権回収が困難な状況に陥ってしまう。

そこで、こうした詐害的な行為への対抗策として、既存の法理を適用したり、法改正を行う等の取組みが行われてきた。すなわち、債権者としては、取締役らの経営陣の責任追及のほか、①事業譲渡行為や会社分割に対する詐害行為する取消しの訴えの提起、②法人格否認の法理の適用、③譲受会社や吸収分割承継会社・新設分割設立会社に対する履行請求、④債権者破産手続開始の申立てといった対抗手段が考えられる。以下においては、これらの制度の概要を述べる。

(1)　詐害行為取消権

a　意　　義

　詐害行為取消権とは、債務者の一般財産（＝責任財産）を不当に減少させた債務者の法律行為（詐害行為という）を、一般債権者が取り消すことができる民法上の権利のことをいう。

　債権者は、債務者の責任財産から弁済を受ける権利を有するにとどまり、債務者による個々の財産の管理や処分には直接関与できないのが原則である。もっとも、債務者の財産状態が悪化し弁済資力を失った状態で、所有物を他人に無償で贈与したり廉価売買をするなど、債権者を害することを知ってした行為については、債権者は、詐害行為取消権によって取り消し、逸出財産を回復することができる（民法424条1項）。

　また、債務者が相当の対価を得て行った財産の処分であっても、それが財産隠匿等の債権者を害することとなる処分をする

おそれを生じさせるものであり、債務者が隠匿等の処分をする意思を有しており、かつ当該処分行為の相手方である受益者も債務者のかかる意思を知っていた場合には、債権者は、詐害行為取消権によって取り消し、逸出財産を回復することができる（民法424条の2）。

　さらに、特定の債権者に対する担保提供や弁済、過大な代物弁済に対しても、詐害行為取消権を行使することにより逸出財産を回復することができる（民法424条の3、424条の4）。

　事業譲渡や会社分割のような会社法上の行為についても詐害行為取消権の対象となるか否かについては議論があったが、通説はこれを肯定しており、判例も、詐害的な新設分割が行われた場合において、新設会社に債務が承継されず、新設分割に対して異議を述べることもできない債権者が、詐害行為取消権によって新設分割を取り消すことを肯定した（最判平成24年10月12日最高裁判所民事判例集66巻10号3311頁）。

b　要　　件

　財産減少行為に対する詐害行為取消権（民法424条1項）を行使するには、①債権者が債務者に対して金銭債権を有していること、②債務者により財産上の行為が行われたこと、③その行為の結果、債務者の一般財産が減少し、債務の弁済をするのに足りなくなったこと、④債務者・受益者・転得者が、その行為当時に債権者を害することを知っていたことが必要である（受益者がこれを知っていたが、転得者が知らなかったときは受益者か

ら利得を返還させることになる）。なお、①から③までの立証責任は原告にあるが、④については知らなかったことを受益者・転得者が立証する責任がある。

　相当価格での財産処分行為に対する詐害行為取消権（民法424条の２）を行使するには、①その行為が財産隠匿等の債権者を害することとなる処分をするおそれを生じさせるものであること、②債務者が隠匿等の処分をする意思を有していること、③受益者も債務者のかかる意思を知っていることが必要である。

　特定の債権者に対する担保提供や弁済に対する詐害行為取消権（民法424条の３）を行使するには、①その行為が債務者の支払不能の時に行われたこと、②債務者と受益者が通謀して他の債権者を害する意図で弁済が行われたことが必要である。なお、過大な代物弁済に対する詐害行為取消権（民法424条の４）については、特定の債権者に対する担保提供や弁済に対する詐害行為取消権（民法424条の３）は、特定の債権者に対する弁済として取消しが認められる部分と財産減少行為として取消しが認められる部分とがある。

c　行使の方法

　詐害行為取消権を行使するには、詐害行為によって利益を受けた受益者やその転得者に対して訴訟を提起する必要がある（民法424条１項）。詐害行為取消権は、債権者が詐害行為であることを知ってから２年間または詐害行為の時から10年間以内に

行使（訴訟提起）しなければならない（民法426条）。

d　取消しの効果

詐害行為取消権は「債務者およびその全ての債権者に対してもその効力を有する」（民法425条）とされており、受益者等が取得した資産は取り戻され、原則として債務者の一般財産に復帰する。したがって、債権者は、取り消された財産を対象として強制執行を申し立てる等して、回収を図ることが可能となる。この場合、他の債権者も当該執行手続に参加してくれば、債権額按分による配当となる。

ただし、目的物が動産・金銭の場合には、債務者に返還したのでは費消のおそれがあることから、詐害行為取消権を行使した債権者は、自らに対する動産の引渡しまたは金銭の支払を求めることができる（民法424条の9）。取消債権者が金銭を受け取った場合についていえば、本来であれば債務者の一般財産に属するものであるから、これを債務者に引き渡さなければならないが、債権者は、債務者に対する金銭債権と当該引渡債務とを相殺することで、事実上優先弁済を受けることができる結果となることが容認されている。

不動産の場合、債権者は直接自己への所有権移転登記を求めることはできない（最判昭和53年10月5日最高裁判所民事判例集32巻7号1332頁）。

(2) 法人格否認

a 意 義

　法人格否認の法理とは、法人格がまったくの形骸にすぎない場合、または、法律の適用を回避するために濫用されている場合に、取引の相手方が、その会社の法人格を否認し、その取引の背後者に帰属する行為であるとしてその責任を追及することができるとする一般法理である。このような法人格否認の法理は、法律に明文の規定はないが、裁判例においてもしばしば取り上げられ、債務支払回避を目的として法人格を濫用等するケースについても適用されている。

b 要 件

　一般には、法人格否認は、①法人格がまったくの形骸である場合、または、②法律の適用を回避するために法人格が濫用されている場合に認められると解されている。

　法人格が形骸化している会社としては、たとえば、会社設立にあたって、発起人が家族や知人等の名義を借りて見せ金によって設立をした会社で、運営にあたっては、代表者個人の一人会社であるため株主総会も取締役会も開かれず、業務も会社・個人間に混同が生じており、内外ともに経営の実体が法人と個人の区別が判然としない会社等があげられる。また、完全親会社で資本的に単一の企業体たる実体を有し、かつ子会社の

企業活動が親会社によって現実的・統一的に管理支配されていて、子会社の法人格が実体を失っているような場合等もあげられる。実質個人会社の場合においては、その会社への貸付金につき、その社長（個人保証はしていない）に請求する方法として、法人格否認の法理が検討されることもある。

法人格が濫用されている会社としては、たとえば、有限責任であることを利用して不当に個人資産を守るための名目的会社や、実質的には第一会社と同一であるにもかかわらず第一会社の倒産に際して債務の弁済を免れるために設立された第二会社等があげられる。

法人格が形骸化している場合、債権者は、法人の背後で当該法人を支配している個人または法人に対して、法人格否認を理由に債務の履行を求める訴訟を提起することになる。債務の弁済を免れるために第二会社が設立されている場合には、当該第二会社に対して債務の履行を求める訴訟を提起することになる。また、強制執行を申し立てる際も、当該個人、第二会社を相手方とすることになる。

c　法人格否認の効果

法人格否認が認められたときには、会社名義でなされた取引を、その背後者である個人等の行為と認めて取引の責任をその個人等に追及できるという効果や、その逆に個人名義でなされた行為を会社の行為であると認めることができるといった効果が期待できる。

(3) 譲受会社に対する履行請求

　上記CASEにおいて、譲受会社に承継されない債務を有する債権者は、譲受会社に対して債権を行使することができない。譲渡会社が不良な事業の債務や金融機関に対する債務のみを残し、優良な事業に関する資産・負債を切り出して譲受会社に対して譲渡した場合、譲渡会社に残された債務の債権者は十分な債権回収を図ることが困難となる。

　かかる債権者を保護すべく、会社法上、譲渡会社が譲受会社に承継されない債務の債権者を害することを知りながら事業譲渡をした場合、譲受会社に承継されない債務の債権者（以下「残存債権者」という）は、譲受会社に対して、承継した財産の価額を限度に債務の履行を請求することができる（会社法23条の2、商法18条の2）。なお、事業譲渡のみならず、会社分割についても同様の履行請求が定められている（会社法759条4項、761条4項、764条4項）。

a　履行請求の要件

　濫用的事業譲渡における残存債権者の履行請求が認められるためには、①譲渡会社が債権者を害することを知って事業譲渡を行ったこと、②譲受会社が事業譲渡の効力が生じた時点において残存債権者を害することを知っていたことが必要である。

　また、残存債権者は事業譲渡を知った時から2年以内または事業譲渡の効力発生日から10年以内に履行の請求をしなければ

ならない。

　なお、譲渡会社について破産手続、再生手続または更生手続が開始されたときは譲受会社に対して履行請求をすることができなくなる（会社法23条の2第3項）。

b　詐害行為取消権との相違点

　履行請求では、詐害行為取消権と異なり裁判上の手続を利用する必要はなく、裁判外で行使することができる。そのため、詐害行為取消権と比較して迅速な債権保全を図ることができる。

　他方、履行請求権の場合には、あくまで債権の履行を求めるにとどまり、詐害行為取消権のように現物の返還を請求することはできない。もっとも、実務上、濫用的会社分割に対して詐害行為取消権が行使された場合に、価格賠償を認める事例もあるため、実際上大きな差異が生じるものではないと考えられる。

　また、詐害行為取消権では財産の受益者のほか転得者に対してもその権利を行使することができたが、履行請求権は財産の転得者に行使することができない。

　上記のとおり、履行請求権は、譲渡会社において破産手続等が開始された場合には行使することができず、すでに権利行使をしていたとしても破産管財人への承継は行われないが、詐害行為取消権については、債務者の破産手続開始決定後、破産管財人が訴訟を引き継ぐことができる（破産法45条）。

⑷　債権者破産の申立て

　債務者に対して破産手続開始の申立てを行い、破産管財人に
事業譲渡行為に対して否認権行使を委ねることも考えられる。
以下においては、この点を詳述する。

a　破産申立権者

　破産手続は、一般的には、債権者または債務者が申し立てる
ことができる。

　債務者本人またはその役員会等の決議により申し立てるもの
は「自己破産申立て」と呼ばれ、債権者から申し立てるものは
「債権者破産申立て」と呼ばれる。また、法人の場合、役員会
等の全員一致の決議によらず、一部役員による申立てを「準自
己破産申立て」という。

　なお、例外的に、破産手続は、他の法的整理手続（特別清
算、民事再生、会社更生）が頓挫した場合等に、裁判所の職権
をもって開始されることもある（会社法574条1項・2項、民事
再生法250条1項・2項、会社更生法252条1項・2項）。

b　債権者破産申立ての現状

　債権者としては、換価可能な債務者の財産を把握していると
きは強制執行をすればよいし、また債務者から財産が流出した
場合にも、当該財産が相当の価値があって流出先が特定できて
いる場合には、詐害行為取消権を行使して回収を図ることがで

きる。

　それに対し、典型的には粉飾決算による融資詐欺が行われていた事案であるが、債務者が相当の財産を隠匿していることが疑われるものの、その財産の所在を掌握することができないとき等は、債権者が独力で権利行使をする回収方法では有効な回収をすることができない。そこで、破産者の財産の管理処分を管財人に掌握させ、管財人が破産者の財産を調査して回収（否認権の行使等）することを期待し、債権者として破産手続を申し立てることがある。かつては、特に銀行等の金融機関が債権者破産の申立てをすることは、回収の実効性が確実でないことや、回収行為ではあるものの債務者に破産者という不名誉を与えること等から、ほとんど考えられなかったが、近時は、債務者における破産に対する抵抗感の低下もあり、悪質な債務者であって相応の回収が期待できる場合や、不正を伴った融資取引の最終処理として、珍しいものではなくなっている。

　実際、破産管財人が、高額な隠匿資産を発見したり、流出資産を否認権によって取り戻したときには、相当の回収につながることもある。もっとも、破産管財人の調査権限も万能ではないし（捜査機関のような強制的な権限は有していない）、破産管財人に多くの調査を求めれば、それだけ管財人報酬等の費用がかさみ、費用倒れとなる懸念も大きくなる（債権者破産の申立ての場合には、債権者が破産者にかわって予納金を納付しなければならず、予納金は、破産財団が形成され債権者に配当がなされる状況になれば、申立債権者に還付されるが、仮に費用に見合う財団が形

図表8-5　予納金額の目安

負債総額（単位：円）	法人	自然人
5000万未満	70万	50万
5000万～　1億未満	100万	80万
1億～　5億未満	200万	150万
5億～　10億未満	300万	250万
10億～　50億未満	400万円	
50億～100億未満	500万円	
100億～	700万円～	

（出所）　東京地裁民事第20部　破産事件の手続費用一覧（平成22年5月18日現在）

成できない場合には、予納金が破産管財人の報酬等の破産費用に充当され、返還されないこととなる。なお、この予納金については、東京地裁は、管財事件の場合について、平成22年5月現在、図表8-5の予納金額の目安を示している）。

　債権者としては、回収対象資産が発見される蓋然性と、費用倒れになるリスクを考え合わせて、債権者破産手続開始の申立てをするか、申立てをするとして破産管財人にどこまでの調査を求めるかを検討することとなる。

c　債権者破産の申立ての手続

　債権者破産の申立書には、単に破産原因のみならず、その後のすみやかな管財業務への移行のために、財産の保管、所在場所、処分価格、否認行為の有無、帳簿書類の保管状況、債権

者・従業員の状況等の記載も行われる。債権者破産の申立てが行われた場合、裁判所で口頭弁論を開く場合もあるが、一般的には、債権者から提出された書証と債務者本人の審尋を行っている。

　なお、債権者破産の申立てにあっては、詐害行為取消権と異なり、申立債権者が優先弁済を受けることはできない。仮に、債権回収のみを目的とした破産申立てをした場合において、債務者（破産者）と申立債権者との間で有利な支払条件による和解をしたときには、その和解は他の債権者との関係で否認権による取消しの対象となる可能性があり、また、破産申立権の濫用と判断されることもありうる。

(5)　倒産手続からの回収

　債務者が破産、民事再生、会社更生等の法的倒産手続を申し立て、手続が開始されれば、当該手続に従って債権届出等をして清算と債権の回収を図るしかなくなる。また、債務者が予想に反して突然に法的倒産手続の申立てをすることも珍しいことではない。しかしながら、そのような法的倒産手続においても、債権者としては、当該手続のなかで配当額の増加等、債権の回収額の極大化のためにできることについては、なお努力を尽くすべきである。

　この点では、まず、破産手続であれば、破産者の隠匿資産や否認が可能な行為に関する情報の破産管財人への提供がある。さらに、破産管財人に財団形成への熱意がなく、その職務状況

が不十分な場合には、債権者集会での質疑や、それ以外の場でのコミュニケーションを通じて、破産管財人の権限の行使によるさらなる財団の増殖を促すことは無駄ではない。ここで、破産管財人の権限として破産法は、破産者、破産者の代理人、破産者が法人である場合の取締役・執行役・監査役等およびこれに準ずる者、破産者の従業者等に対する調査権（破産法83条）を認めており、これに対する説明および検査の拒絶等は懲役を含む罰則の対象となっているし（破産法268条）、また、重要財産開示拒絶等も処罰の対象とされている（破産法269条）。また、破産者による資産の隠蔽等は詐欺破産罪（破産法265条）として、やはり懲役を含む処罰の対象となる。したがって、破産者に否認すべき具体的な行為等が認められるのであれば、破産管財人において否認権の行使を求めるべきであるし、調査すべきものと思われることがあれば、破産管財人に対し上記の調査権や詐欺破産罪への該当の可能性等をふまえた具体的な調査の依頼をすることが考えられる。

　次に、民事再生手続や会社更生手続では、しばしば、少額債権者には全額の弁済が認められることがある。これは、少額の債権であればその全額を弁済して、手続に参加する債権者の数を減少させ、手続の煩雑さを緩和する等を目的とするものであるが、その結果、実際の債権額が少額債権として認められる金額を上回っている場合であっても、少額債権として届け出ることが有利となることがある。すなわち、たとえば、債権者が100万円の債権を有する債務者について民事再生手続が開始さ

れ、50万円までの債権者に対しては少額債権の弁済として全額の弁済が認められたとすると、債権者は、実際には100万円の債権があるとしても、自らの債権を50万円として届け出ると、早期に50万円の支払を受けることができる。その結果、再生債権としての配当率が50％未満であれば（ほとんどの場合の配当率は低いであろう）、届け出る債権の額を少額債権の上限額とすることで、かえって早期に多額の弁済を受けることができる可能性がある。実際の債権額よりも少額で債権届出を行うことは、金融機関等にとってはむずかしい面もあるであろうが、債権回収にあたっては、最後まで諦めることなく、回収額の極大化を図る姿勢は重要であろう。

KINZAIバリュー叢書
債権回収の初動【第2版】

2024年2月14日　第1刷発行

編　者　島田法律事務所
発行者　加　藤　一　浩

〒160-8519　東京都新宿区南元町19
発　行　所　一般社団法人 金融財政事情研究会
出版部　TEL 03(3355)2251　FAX 03(3357)7416
販売受付　TEL 03(3358)2891　FAX 03(3358)0037
URL https://www.kinzai.jp/

校正：株式会社友人社／印刷：三松堂株式会社

ISBN978-4-322-14399-7